예화로 풀이하는 원불교 정전正典 활용법

일상을 수행으로 바꾸는 연습

예화로 풀이하는 원불교 정전正典 활용법

일상을 수행으로 바꾸는 연습

유도성 지음

원불교출판사

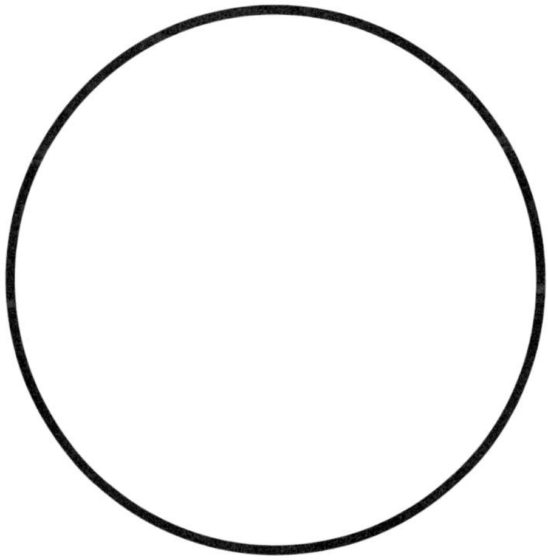

일원상一圓相

우주만유宇宙萬有의 본원本原

일체중생一切衆生의 본성本性

— 소태산 대종사

God is a circle whose center is everywhere and whose circumference is nowhere.

[신神은 모든 곳에 있으나 경계가 없는 원圓이다.]

— Saint Augustine

| 서문 |

사흘의 마음공부는 천 년의 보배요,
백 년의 탐낸 물건은 하루아침의 티끌이라.

세상 사람들은 모두 행복해지고 자유롭게 살기를 원합니다. 그러나 많은 사람은 그렇게 살지 못합니다. 그 근본 원인을 깊이 생각해 보신 적이 있으신가요? 많은 사람이 행복하게 살지 못하는 첫 번째 이유는 행복과 자유에 이르는 '길'을 잘 모르기 때문입니다.

저는 가끔 운동하러 원달마센터 근처에 있는 YMCA에 갑니다. 운동을 마친 뒤에는 보통 건물 정문으로 나오는데, 어느 날 나오기 전에 화장실을 들렀습니다. 그날 화장실 바로 옆에 주차장으로 이어지는 문이 있다는 것을 처음 알게 되었습니다. 그 문으로 나가면 바로 주차장이 나오는데, 몇 년간 주차장을 정문으로 나와서 가는 긴 코스로 다닌 것이지요.

우리 인생도 마찬가지입니다. 우리는 행복하게 살기 위해 여러 활동과 노력을 하지만 실제로 행복으로 가는 길을 '정확히' 아는 사람은 많지 않습니다.

우리가 알아야 할 것은 많은 사람이 걷는 익숙한 길이 결코 영생의 행복과 자유로 이어지지 않는다는 점입니다. 예수님은 "좁은 문으로 들어가라. 멸망으로 인도하는 문은 크고 그 길이 넓어 그리로 들어가는 자가 많고, 생명으로 인도하는 문은 좁고 길이 험해서 그곳을 찾아오는 사람이 적음이라."(마태 7:13-14)라고 말씀하셨습니다.

영생의 진리가 있고, 내가 지은 것은 반드시 내가 받는다는 것을 의심 없이 믿으며 인생을 사는 사람들이 세상에 과연 얼마나 될까요? 우리는 우선 진리 공부, 법 공부를 통해 자유와 행복으로 가는 길을 정확히 알아야 합니다.

많은 사람이 행복을 위해 성공을 꿈꾸고, 더 많은 돈을 벌고, 더 높은 지위에 오르려고 노력을 합니다. 여러 가지 방법으로 행복을 추구하지만, 결국 요약해 보면 사람들은 행복을 위해서 어떤 '외적 조건'을 바꾸려 합니다. 더 많은 물질, 더 존경받는 자리, 더 큰 집, 더 좋은 차 등 우리가 행복을 위해 기울이는 대부분의 노력은 한마디로 우리의 외적 조건과 환경을 변화시키기 위함입니다.

외부 조건이 우리 삶에서 완벽할 수 없습니다. 완벽하고 이상적인 환경이라는 것 자체가 주관적입니다. 주변 환경과 조건을 바꾸고 개선하는 것도 중요하지만, 그보다 먼저 우리 '마음'

을 바꾸어야 합니다. '마음'이 변화하면 많은 것들이 저절로 따라 변하고, 삶의 여러 문제도 근본적으로 해결됩니다.

> 대종사 말씀하시기를 "모든 학술을 공부하되 쓰는 데에 들어가서는 끊임이 있으나, 마음 작용하는 공부를 하여 놓으면 일분 일각도 끊임이 없이 활용되나니, 그러므로 마음공부는 모든 공부의 근본이 되나니라."(요훈품 1장)

과거 인도에서 한 부자가 자신이 소유한 언덕을 거닐다가 뾰족한 돌에 걸려 넘어졌습니다. 화가 난 부자는 하인들을 불러 동산 전체를 가죽으로 덮으라고 지시했습니다. 그러자 옆에 있던 어린 딸이 "아빠, 동산에 가죽을 까는 것보다 아빠가 가죽 신발을 신는 게 어때요?"라고 말했다고 합니다.

흔히 불교 수행을 마음공부라고 합니다. 부처님이 깨달은 진리를 한마디로 요약하면 '일체유심조一切唯心造', 즉 '세상 모든 것은 내 마음이 짓는다.'입니다.

우리는 행복과 자유를 추구하며 이를 위해 끊임없이 노력하고 있지만, 근본적으로 마음을 닦는 일이 반드시 필요하다는 점을 깊이 각성해야 합니다. 마음이 바뀌면, 예를 들어 나쁜 버릇이 없어지고, 쓸데없는 욕심이 사라지며, 더 부지런해지고 용기 있고 낙관적으로 변하면서 우리의 인생과 운명도 바뀝니다. 우리 마음을 맑고 밝고 바르게 하는 '마음공부'가 행복과 자유에 이르는 '근원적 길'입니다.

이 책 1장 '자유와 행복의 길'에서는 행복의 길이 곧 실지 '마음의 길'이며, 특히 현대인에게 마음 닦는 수행, '정신개벽'이 행복과 자유를 추구하는 인생의 근본 방향임을 설명합니다.

우리 모두 행복을 원하지만 그렇게 살지 못하는 두 번째 이유는, 길을 알아도 그 길을 가지 않기 때문입니다. 많은 산악인이 에베레스트산 정상에 이르는 길을 알고 있습니다. 그러나 실제로 에베레스트산 정상에 선 사람은 소수입니다. 다이어트 책을 아무리 읽고 방법을 숙달해도 실행이 따르지 않으면 효과를 볼 수 없습니다. 아는 것과 행하는 것은 별개의 일입니다.

일전에 지인 한 분이 친구 개를 봐주다 그 개에게 심하게 물렸습니다. 응급실에 가서 치료받았는데 나중에 그분이 제게 말했습니다. "응급실에 개에게 물린 환자가 그렇게 많은 줄 몰랐다."

그 개가 사람을 문 이유는 단순합니다. 그 개는 잘 '훈련訓鍊'이 되지 않았기 때문입니다. 훈련되지 않은 개는 위험합니다. 그런데 사람들은 왜 개보다 훨씬 사나운 하이에나, 사자, 독뱀은 두려워하지 않고 훈련되지 않은 개를 더 두려워하는 것일까요? 이유는 하이에나, 사자 같은 맹수는 우리 주변에 없고, 개들은 우리 주변에 많기 때문입니다.

훈련되지 않은 개보다 더 무서워해야 할 것이 있습니다. 바로 훈련되지 않은 사람의 '마음'입니다. 훈련되지 않고 다듬어지지 않은 '나'의 마음입니다.

인생의 모든 행복과 불행은 '마음'에서 나옵니다. 수레가 앞으로 가지 않으면 수레를 채찍질하는 것이 아니라, 수레를 끄는 말을 채찍질해야 한다는 것을 우리는 잘 알고 있습니다. 내 인생을 끌고 가는 것이 자기 마음임에도, 그 마음을 제대로 단련하고 채찍질하는 사람들은 많지 않습니다. 행복의 길은 곧 '마음의 길'임을 알아야 하며, 우리는 그 마음을 잘 '단련'하고 '훈련'해야 합니다.

마음공부란 구체적으로 우리 마음을 평화롭고 지혜롭고 바르게 단련하는 것을 의미합니다. 원불교에서는 이를 '삼학三學 공부'라고 부릅니다. 헬스클럽에서 여러 가지 운동기구로 체력 단련을 하듯, 원불교에서는 정신 수양, 사리 연구, 작업 취사라는 삼학 공부로 우리 마음을 단련합니다.

2장과 3장에서는 '삼학 공부'의 의미와 구체적으로 어떻게 우리 마음을 평화롭고 지혜롭고 바르게 단련할 것인가를 설명합니다.

마음공부를 잘해서 신앙과 수행, 인생에서 좋은 열매를 거두고 성공하기를 원하지만, 왜 그것이 쉽지 않을까요? 왜 어떤 수행자들은 큰 마장이나 경계 없이 목적을 이루는데, 어떤 이는 목적 달성에 장애가 많고 긴 시간이 걸리는 것일까요?

이는 마음공부와 수행을 하는 데 있어서 각자의 '원동력原動力'이 다르기 때문입니다. 원동력이란 '근본이 되는 힘'으로써, 대종사님은 신앙, 수행의 원동력을 네 가지로 설명하시며, 이를

'진행사조進行四條'라고 하셨습니다. 믿음信·분발忿·의문疑·정성誠이 그것입니다.

4장에서는 수행의 네 가지 동력인 신분의성信忿疑誠에 관해 공부합니다.

> 한 제자 여쭙기를 "저는 본래 재질이 둔하온데 겸하여 공부하여 온 시일이 아직 짧사와 성취의 기한이 아득한 것 같사오니 어찌하오리까." 대종사 말씀하시기를 "도가의 공부는 원래 재질의 유무나 시일의 장단에 큰 관계가 있는 것이 아니라 오직 신信과 분忿과 의疑와 성誠으로 정진精進하고 못 하는 데에 큰 관계가 있나니, 누구나 신·분·의·성만 지극하면 공부의 성취는 날을 기약하고 가히 얻을 수 있나니라."(신성품 3장)

흔히 신앙과 수행을 영적인 전쟁이라고 합니다. 전쟁에서 이기기 위해서는 아군의 도움이 절실합니다. 공부인은 영적인 전쟁인 마음공부에 성공하기 위해, 나의 진정한 아군이 되는 이 네 가지 원동력이 마음에 있는지를 항상 잘 살펴보아야 합니다.

우리는 인생을 위해 수행을 하는 것이지, 수행을 위해 인생을 사는 것이 아닙니다. 삶을 현실적으로 더 잘 살게 하려고 우리가 수행하는데, 과연 일상생활에서 수행의 핵심은 무엇일까요? 대종사님은 그 핵심을 '주의'라는 단어로 말씀해 주셨습니다.

'주의'라는 단어는 자칫 너무 평이하고 싱겁게 느껴질 수 있습니다. 그러나 이를 곱씹어 볼수록 그 뜻이 참으로 심오합니다. '주의'라고 하는 단어 속에는 우리가 현실에서 쉽고도 효과적으로 마음공부를 할 수 있는 비법과 대종사님의 큰 경륜과 자비가 담겨 있습니다. 이 '주의' 공부만 잘하면 재가·출가 구분 없이 누구나 현실 생활 가운데서 큰 깨달음과 마음의 자유를 얻을 수 있다는 것이 대종사님의 교법입니다.

대형 교통사고나 큰 산불도 사람들이 '주의'하지 않아서 일어납니다. 원불교 『정전』 수행편에 제시된 상시훈련법常時訓練法은 바로 '주의'하는 공부이며, 5장에서는 생활 속 핵심 공부인 '상시 응용 주의 사항' 6조목을 공부합니다. 생활 속에서 이 여섯 가지만 잘 주의해서 지킨다면, 현실 속에서 우리 삶을 풍성하게 하는 실용적인 공부길을 터득할 수 있습니다.

'상시 응용 주의 사항' 공부는 스스로 하는 공부법입니다. 나무가 아무리 바르게 자란다고 하더라도 때때로 전문가가 전지해주고 돌보아 주면 더 멋지고 건강하게 자랍니다. 우리가 아무리 법을 따라 열심히 공부해도 그것이 최선의 길이나 지름길이 아닌 경우가 종종 있습니다.

송벽조宋碧照 좌선에만 전력하여 수승화강을 조급히 바라다가 도리어 두통을 얻게 된지라, 대종사 말씀하시기를 "이것이 공부하는 길을 잘 알지 못하는 연고라, 무릇 원만한 공부 법은 동과

> 정 두 사이에 공부를 여의지 아니하여 동할 때에는 모든 경계를 보아 취사하는 주의심을 주로 하여 삼대력을 아울러 얻어 나가고, 정할 때에는 수양과 연구를 주로 하여 삼대력을 아울러 얻어 나가는 것이니, 이 길을 알아 행하는 사람은 공부에 별 괴로움을 느끼지 아니하고 바람 없는 큰 바다의 물과 같이 한가롭고 넉넉할 것이요, 수승화강도 그 마음의 안정을 따라 자연히 될 것이나 이 길을 알지 못하면 공연한 병을 얻어서 평생의 고초를 받기 쉽나니 이에 크게 주의할지니라."(수행품 40장)

공부에 대한 열의가 있다고 하더라도 스승님의 감정이 없으면 누구나 송벽조 선진님과 같은 실수를 할 수 있습니다. 스승님의 지도가 있으면 굽은 길 대신 곧은 길로 갈 수 있고, 같은 노력으로 더 큰 효과를 거두며, 마장 없이 공부를 잘할 수 있습니다.

눈은 눈썹을 볼 수 없습니다. 눈썹이 눈과 너무 가깝기 때문입니다. 우리는 '자기'라는 관념으로 인해 우리 자신을 객관적으로 볼 수 없습니다.

6장 '교당 내왕 시 주의 사항'에서는 스승님과의 문답·감정·해오의 중요성, 정기훈련과 교당 법회, 그리고 실생활 활용 공부의 중요성을 공부합니다.

오래전 미국 시카고 근교에서 일어난 일입니다. 눈보라가 몰아치는 겨울 저녁 어느 날, 한 여인이 아기를 안고 기차를 탔습니다. 그 여인은 기차 승무원과 옆자리에 앉아 있는 신사에게 ○○역에서 자신을 내려달라고 부탁하고 바로 잠에 들었습니다.

한참을 지나 옆자리에 있던 신사가 여인을 깨웠습니다. 신사는 다음 역이 바로 당신이 말한 역이니 빨리 내릴 준비를 하라고 그 여인에게 알려 주었습니다. 여인은 기차가 서자 황급히 짐을 챙겨, 안고 있던 아기와 함께 그 역에 내렸습니다.

얼마 후, 승무원이 열차를 순회하다가 아기를 안은 여인이 어디 있느냐고 신사에게 물었습니다. 신사는 그 여인은 이전 역에서 내렸다고 말했습니다. 그러나 여인이 내린 역은 이미 오래 전에 폐쇄된 역으로, 기차는 정비를 위해 잠시 멈추었을 뿐이었습니다.

춥고 눈보라가 치는 날 그 역에 여인이 내렸다는 이야기를 듣고 차장은 당황해서 바로 기차를 세우게 하고, 사람들과 함께 황급히 그 역으로 갔습니다. 그러나 그 여인은 이미 아이와 함께 얼어 죽어 있었습니다.

그 신사는 훌륭한 사람이었고, 여인을 돕고자 했을 것입니다. 여인이 죽은 이유는 명확합니다. 상황을 잘 아는 승무원이 아닌, 길을 잘 모르는 신사의 말에 의지했던 것입니다.

우리 주변에는 부모님, 배우자, 친구 등 우리를 아끼고 사랑하는 사람들이 많이 있습니다. 그들은 그 신사처럼 우리를 도우려 합니다. 그러나 그들이 과연 자유와 행복에 이르는 길을 잘 알까요? 그리고 그들은 스스로 자유롭고 행복한 인생을 잘 살아가고 있을까요?

우리가 영생의 길, 행복의 길을 묻고자 할 때는 배우자나 부모, 친구에게 물을 것이 아니라, 진리를 깨치고 영생의 길을 확실히 아는 부처님에게 여쭈어야 합니다. 진리를 대각하여 영생의 길, 자유의 길을 정확히 아는 불보살님들의 말씀에 의지해야 하는 것입니다.

우리가 쓰는 내비게이션이 늘 최선의 길로 안내해주듯이 우리는 경전 공부를 통해, 특히 대종사님이 친저하신『정전』공부를 통해 자유와 행복에 이르는 길과 최선의 첩경을 알아야 합니다. 그리고 내 수행과 인생의 방향을 항상 점검하고 교정받아야 합니다.

대종사님은 당신의 교법을 선약仙藥, 즉 신선이 먹는 약이요 병을 고치는 만병통치약으로 비유하셨습니다. 또한 제자들에게 "먹기만 하면 선약이니라."라고 자주 말씀하셨습니다.

> 대종사 열반을 일 년 앞두시고 그동안 진행되어 오던 정전正典의 편찬을 자주 재촉하시며 감정鑑定의 붓을 들으시매 시간이 밤중에 미치는 때가 잦으시더니, 드디어 성편되매 바로 인쇄에 부치게 하시고, 제자들에게 말씀하시기를 "때가 급하여 이제 만전을 다하지는 못하였으나, 나의 일생 포부와 경륜이 그 대요는 이 한 권에 거의 표현되어 있나니, 삼가 받아 가져서 말로 배우고, 몸으로 실행하고, 마음으로 증득하여, 이 법이 후세 만대에 길이 전하게 하라. 앞으로 세계 사람들이 이 법을 알아

보고 크게 감격하고 봉대할 사람이 수가 없으리라."(부촉품 3장)

한국에서는 좋은 대학에 입학하기 위한 입시 경쟁이 치열합니다. 고등학교 3학년 때 치르는 수능시험에서 전국 일등을 한 학생은 보통 방송국 기자와 인터뷰하게 됩니다. 기자들이 그 학생에게 "어떻게 공부했습니까?"라고 물으면, 학생은 대개 "저는 교과서를 충실히 공부했습니다."라고 대답합니다.

마음공부의 일등 교과서인 원불교『정전』을 잘 보고 활용해서, 그 학생이 수능시험에서 일등을 했듯, 우리는 우리의 수행과 인생에서 일등을 해야 합니다.

이 책은 대종사님이 친저하신 원불교『정전』을 예화를 통해 설명한『정전』활용 주석서입니다.

모든 이들이 이 선약을 잘 먹어서 영생의 서원을 세우고, 마음공부로 행복과 자유의 길에 들어서기를 기원합니다.

목차

1

자유와 행복의 길

[개교開教의 동기]

물질이 개벽되니 정신을 개벽하자 (개교 표어)

과학자들이 침팬지를 대상으로 동물의 의사전달 및 언어능력을 파악하고자 실험하였습니다. 수년간 침팬지에게 기본적인 단어와 문법구조를 익히게 했고, 오랜 노력 끝에 침팬지는 100개가 넘는 단어와 기본적인 문법구조를 습득하게 되었습니다.

실험에 참여한 사람들은 침팬지가 처음으로 하는 말이 무엇일지 매우 궁금했습니다. '바나나가 먹고 싶다', '목이 마르다' 등 그가 원하는 것이 무엇인지 알고 싶었습니다. 그러나 그 침팬지가 처음으로 한 말은 "Let me out."이었습니다. 침팬지는 좋은 환경에서 특별한 돌봄을 받으며 자랐지만, 침팬지가 원하는 것은 철창에서 벗어나 자유롭게 사는 것이었습니다.

오늘날 사람들은 휴가를 손꼽아 기다립니다. 또 다른 직장으로의 이직을 진지하게 고민하기도 합니다. 또한 많은 사람이 이혼하거나 이를 심각하게 고려합니다. 이 모든 것이 결국 "Let me out."의 요구입니다. 즉 현재의 환경에서 벗어나 자유와 행복을 위해 다른 환경으로 이동하고 싶어 하는 것입니다. 동물이든 사람이든 '자유'에 대한 갈망은 다르지 않은 듯합니다.

호주의 어느 감옥에서 있었던 일입니다. 한 죄수가 탈옥을 위해 오랫동안 연구를 했습니다. 그는 생필품을 실은 트럭이 언제, 몇 시에 감옥에 도착하고, 또 정확히 몇 시에 떠나는지를 장기간에 걸쳐 관찰했습니다. 트럭의 동선을 완벽히 파악한 그는 어느 날 외부 운동 시간에 틈을 타 트럭 뒤편에 숨어드는 데 성공했습니다.

트럭은 감옥을 떠나 어딘가로 달려가기 시작했고, 죄수는 '이제 드디어 자유의 몸이 되었구나'하며 가슴이 설렜습니다. 얼마 후 트럭이 멈추자 그는 트럭 뒤 칸에서 몰래 빠져나왔지만, 그가 도달한 곳은 다름 아닌 옆 도시에 있는 또 다른 감옥이었습니다.

사람들은 좋은 직장, 좋은 동네, 좋은 배우자, 더 넓은 집, 더 좋은 차 등 행복을 위해 끊임없이 환경을 바꾸려고 합니다. 그러나 주변의 환경과 조건은 우리가 쉽게 바꿀 수 있는 게 아니며, 설령 그것들을 바꾼다고 하더라도 과연 그 속에서 우리가 정말 크게 자유롭고 행복해질 수 있을까요?

옛날 한국 사람들은 쌀밥에 고깃국을 먹고 기와집에 사는 것을 소원으로 삼았고, 그것이 이루어지면 '낙원'이라 여겼습니다. 지금은 한국 사람 대다수가 수시로 쌀밥과 고깃국을 먹을 수 있고, 기와집보다 훨씬 좋은 집에서 살고 있지만, 그렇다고 우리의 삶을 낙원이라고 말할 수는 없습니다.

우리가 결혼을 하고, 직장을 다니고, 친구를 만나며 살아가는 모든 활동은 결국 행복을 이루기 위해 주변의 환경과 조건을 바꾸려는 행위들입니다. 그러나 외적 환경을 바꾼다고 해서 우리 삶이 자유롭고 행복해지는 건 아니라는 사실을 역사와 우리 주변의 삶을 통해 알 수 있습니다.

주변 조건이 완벽해야 행복하다고 생각하는 사람은, 마치 등산할 때 산 정상에서만 산행을 즐기겠다는 사람과 같습니다. 정상에서 최고의 경치를 보며 그 순간을 만끽하는 것도 좋지만, 그것은 잠시뿐이고 결국 내려와야 합니다. 등산의 핵심은 산에 올라가고 내려오는 '모든 순간'을 즐기는 것입니다. 그러나 대다수의 사람은 인생에서 현재의 순간을 잘 즐기지 못합니다. 이미 가진 것은 보지도 않고 부족한 부분이나 미래에 이루고자 하는 것만 생각하며 만족하지 못하는 인생을 살고 있는 것이, 오늘날 많은 사람이 살아가는 모습입니다.

현재 과학기술과 물질문명은 하루가 다르게 발전하고 있습니다. 역사학자 토인비의 말에 따르면, 물질문명은 토끼의 뜀뛰기처럼 빠르게 나아가지만, 정신문명의 발달은 거북이걸음에 가깝다고 합니다. 대종사님 또한 영적으로 미성숙하고 지혜가 어두운 사람이 현재의 찬란한 물질문명의 이기 속에 살게 되면, 이는 "도리어 도둑에게 무기를 주는 것과 같다."(교의품 30장)라고 말씀하셨습니다.

> 대종사 말씀하시기를 "안으로 정신문명을 촉진하여 도학을 발전시키고 밖으로 물질문명을 촉진하여 과학을 발전시켜야 영육이 쌍전하고 내외가 겸전하여 결함 없는 세상이 되리라. 그러나, 만일 현대와 같이 물질문명에만 치우치고 정신문명을

> 등한시하면 마치 철모르는 아이에게 칼을 들려준 것과 같아서 어느 날 어느 때에 무슨 화를 당할지 모를 것이니, 이는 육신은 완전하나 정신에 병이 든 불구자와 같고, 정신문명만 되고 물질문명이 없는 세상은 정신은 완전하나 육신에 병이 든 불구자와 같나니, 그 하나가 충실하지 못하고 어찌 완전한 세상이라 할 수 있으리오. 그러므로, 내외 문명이 병진 되는 시대라야 비로소 결함 없는 평화 안락한 세계가 될 것이니라."(교의품 31장)

대종사님은 "만일 현대와 같이 물질문명에만 치우치고 정신문명을 등한시하면, 마치 철모르는 아이에게 칼을 들려준 것과 같다."라고 말씀하셨습니다. 그러나 오늘의 현실은, 철모르는 아이에게 단순한 칼이 아니라 고위력 반자동 소총을 쥐여주고 그것을 실제로 사용하게 만든 상황에 가깝습니다. 미국에서는 매년 학교 내 총격 사건으로 수십 명이 사망하고, 수백 명이 상처를 입고 있습니다. 이제 미국의 학교 총기사고는 매달 한두 번 일어나는 사건이 아니라, 거의 매주 반복되는 일상이 되어 버렸습니다.

노벨이 처음 화약을 만들었을 때, 그것이 가장 먼저 응용된 분야는 전쟁용 폭탄 제조였습니다. 물질문명 속에서 우리의 참된 가치가 매몰되고, 물질적·상업적·경쟁적 환경 속에서 물질은 우리 삶을 풍요롭게 하기보다 오히려 우리를 속박하고 있습니다. 이는 물질 자체의 문제라기보다 인간의 나약한 정신과 성숙하지 못한 마음의 문제입니다. 세탁기, 자동차, 전화 등으로 과거에 비해 한없는 시간적 여유가 생겼지만, 현대인의 마음은 오히려 더 급해지고 불안해졌습니다. 선진국일수록 정신질환은 더욱 많아지고 있습니다.

대종사님은 원불교 개교의 동기를 다음과 같이 말씀하십니다.

> "현하 과학의 문명이 발달됨에 따라 물질을 사용하여야 할 사람의 정신은 점점 쇠약하고, 사람이 사용하여야 할 물질의 세력은 날로 융성하여, 쇠약한 그 정신을 항복 받아 물질의 지배를 받게 하므로, 모든 사람이 도리어 저 물질의 노예 생활을 면하지 못하게 되었으니, 그 생활에 어찌 파란 고해波瀾苦海가 없으리오."

필자는 초등학교 시절, 스케이트를 타러 집 근처에 있는 한 빙상경기장에 갔습니다. 스케이트를 한창 타고 있는데 친구들이 "야! 성낙수다!" 하며 건장한 한 청년에게 달려가는 것이었습니다. 저는 "성낙수가 누구냐"라고 친구에게 물었고, 그는 "아주 유명한 야구선수다"라고 답했습니다.

저도 왠지 늦기 전에 빨리 그 유명 선수에게 가야겠다는 생각이 들었습니다. 스케이트를 잘 못 타는 필자가 그 청년에게 가까이 갔을 때는 이미 많은 사람이 그의 주변에 모여 있었습니다. 모두가 그 유명인을 갑자기 마주친 터라 종이를 준비한 사람이 없었고, 친구들은 손바닥에 사인을 받고 있었습니다. 필자도 한참 기다린 끝에 손바닥에 사인을 받았고, 친구들이 기뻐하는 모습을 보며 필자도 괜히 귀한 것을 얻은 듯해 덩달아 기분이 좋아졌습니다.

집에 돌아오는 길에 친구들이 "이 사인은 아주 귀한 것이니 반 친구들에게 보여주기 전까지 지워져서는 안 돼."라고 말했습니다. 필자도 그 사인이 지워질까 두려워 그날 세수를 삼가고, 다음 날 그 사인을 반 친구들에게 자랑했습니다. 그러나 필자는 야구에 아무 관심도 없었고, 친구들의 반응도 신통치 않았으며, 이틀 동안 손을 씻지 않아 불편하기만 했습니다.

필자의 유년 시절 이야기지만, 우리 삶의 많은 모습이 이와 비슷하지 않을까 생각됩니다. 판단과 선택의 기준이 나 자신보다 주변 환경과 주위 사람들에게 있다는 것입니다. 다시 말해, 내 인생의 '주권'을 잃은 채 살아가는 것입니다. 사람들이 선택하는 전공과 직장, 배우자 등을 보면 그 기준이 내가 진정으로 원하거나 가치 있다고 생각하는 것이라기보다 경쟁사회에서 형성된 세속적 가치관에 기반한 경우가 많다는 것을 알 수 있습니다.

진리적 내면의 가치를 잊은 채 물질적 세상의 흐름과 사조에 휩쓸려 살아가는 현대인의 삶을, 대종사님은 "노예 생활을 면하지 못하는" 삶이라고 말씀하셨습니다.

노예의 사전적 정의는 "인간으로서 기본적인 권리나 자유를 빼앗겨, 자기 의사나 행동을 주장하지 못하고 남에게 사역使役되는 사람"입니다. 우리는 법적으로는 자유주의 국가에 살고 있지만, 정작 우리의 마음과 인생이 노예 생활을 벗어나지 못하고 있지는 않은지 반성해 보아야 합니다. 휴가 가서도 일 걱정을 하고, 아이가 공부를 못하면 더 잘하기를 바라며 염려하고, 공부를 잘하면 더 잘해서 명문대에 가기를 바라고, 먹고 사는 데 어려움이 없어도 주변과 비교하며 더 많은 것을 가지려고 하는 우리의 마음은 이미 보이지 않는 수많은 밧줄에 묶여 있습니다. 이미 많은 현대인은 명예의 노예, 돈의 노예, 일확천금의 노예, 분노의 노예, 질투의 노예입니다.

과거 한국이 일제 식민지에 놓여 있었을 때 주권을 되찾는 일은 소수 독립운동가의 노력에 의존해야 했습니다. 그러나 오늘날 자기 삶의 노예 생활 해방은 오롯이 내가 '스스로' 해야 합니다. 누구도 대신 해 줄 수 없습니다. 다시 말해, 자기 스스로 '정신의 세력을 확장'해야 비로소 가능해지는 것입니다.

미국의 거액 복권 당첨자 중 90% 이상이 불행한 결말을 맞는다고 합니다. 복권 1등 당첨자의 3분의 1이 파산에 이릅니다. 한국에서 어느 익명의 로또 당첨자가 말했습니다.

"처음에는 행복했지만, 사람들과의 관계가 깨지고, 누구도 믿을 수 없게 되었다. 감시받는 느낌에 우울증을 겪었다. 돈으로 자유를 얻은 줄 알았지만, 그 돈이 나를 가뒀다."

'정신의 세력'을 확장하지 않으면, 풍요로운 물질이 오히려 우리를 '노예'로 만듭니다.

필자가 어릴 때 본 영화 '벤허' 장면이 떠오릅니다. 해상 전투가 한창 진행 중이었고, 배 밑에서 노예들이 숨 가쁘게 노를 젓고 있었습니다. 배가 갑자기 침몰하기 시작하자 힘이 센 노예들은 사슬을 끊고 탈출하는데, 그렇지 못한 노예들은 배와 함께 물에 가라앉았습니다.

노예들이 육신의 힘으로 사슬을 끊어내듯, 우리도 '정신의 세력'을 확장하여 우리 마음과 인생을 구속하는 여러 가지 무지의 사슬을 끊어야 합니다. 그래야 지금 경쟁 사회에서 '물질의 세력'을 극복할 수 있고 우리 삶을 '광대무량한 낙원으로 인도'할 수 있습니다.

자신을 구속하는 보이지 않는 밧줄과 사슬을 끊는 것은 쉽지 않습니다. 모두가 오른쪽으로 향할 때, 비록 내가 왼쪽으로 가는 것이 행복과 자유로 가는 길이라는 것을 알고 있더라도, 주변의 시선과 영향에서 벗어나 용감하게 그 길을 선택하기란 쉽지 않습니다. 마음의 힘, 정신 세력의 확장 없이는 거의 불가능합니다.

확장된 정신 세력은 같은 환경에서도 만족하고 감사하는 삶을 가능하게 하며, 어려움이 닥쳐도 용기 있게 견딜 수 있게 합니다.

노예 생활을 벗어나 자유롭고 행복하고 자유로운 삶을 살기 위해서 대종사님은 "진리적 종교의 신앙과 사실적 도덕의 훈련"으로써 정신의 세력을 확장하라고 말씀하십니다.

정신의 세력을 확장하는 첫 번째 방법은 '진리적 종교의 신앙'입니다.

"진리가 너희를 자유롭게 하리라."(요한8:32)라는 예수님의 말씀처럼, 우리가 진리를 모르고 진리적인 가치관에 따라 살지 않으면, 아무리 우리가 기도하고 명상을 하더라도 자유롭고 행복한 인생을 사는 데 한계가 있습니다. 우리가 세상 것을 좇아 세상 자랑하며 살아가는 한, 우리는 남과 나를 비교하지 않을 수 없고, 현실에 만족하기도 어렵습니다.

> 한 제자 여쭙기를 "무슨 방법으로 수양하여야 오욕을 다 없애고 수도에 전일하여 부처님과 같이 한가롭고 넉넉한 생활을 하오리까." 대종사 말씀하시기를 "욕심은 없앨 것이 아니라 도리어 키울 것이니, 작은 욕심을 큰 서원으로 돌려 키워서 마음이 거기에 전일하면 작은 욕심들은 자연 잠잘 것이요, 그러하면 저절로 한가롭고 넉넉한 생활을 하게 되리라."(수행품 36장)

필자는 어린 시절부터 종교에 관심이 있었지만, 20대 중반에 불법을 만나 얕게나마 영생의 진리, 생사 해결의 중요성을 알게 되었습니다. 이후 원불교에 출가하면서 세상 것에 크게 끌리지 않게 되었는데, 이는 좌선을 많이 해서 정력이 쌓였기 때문이 아니라 필자의 가치관이 달라졌기 때문입니다. 무엇이 참으로 중요하며 영생으로 이르는 길인지를 알게 되었고, 그에 따라 인생관과 가치관이 변화하여 세상 것에 끌리지 않게 된 것입니다.

"진리를 알지니, 진리가 너희를 자유롭게 하리라."라는 말씀에서 앞 구절인 '진리를 알지니'가 중요합니다. 진리를 알고 배워야 합니다. 우리를 자유롭게 하는 궁극의 진리는 학교나 가정, 직장에서 배울 수 있는 것이 아닙니다. 진리를 깨달은 성자들, 즉 전 세계 인류 가운데 극소수로부터 우리는 그 가르침을 배워야 합니다.

성자들은 당신들이 깨달은 진리를 더 많은 이들에게 효과적으로 전하기 위해 종교의 문을 열었습니다. 제도화된 종교에 문제가 전혀 없는 것은 아니지만, 우리가 손으로 음식을 먹는 것보다 숟가락, 젓가락, 그릇 등을 사용하면 훨씬 편리하듯이, 과거로부터 성자들은 본인들이 깨달은 진리를 다수에게 효과적으로 전하기 위해 종교라는 조직을 만든 것입니다. 종교를 통해 사람들이 진리를 더 쉽고 바르게 배울 수 있도록 한 것입니다. 대종사님은 '종교적 진리'가 아니라 '진리적 종교'라고 표현하셨습니다. 진리를 배우고 가르치는 것이 주가 되고, 조직은 종이 되어야 한다는 말입니다.

"봉사가 봉사를 인도하는구나."(마태15:14)라는 예수님의 말씀처럼, 진리의 눈을 뜬 부처님과 성자들만이 우리의 인생을 책임지고 인도해 줄 수 있습니다. 비록 우리를 아끼는 주변 사람들이 많다고 하더라도, 그들의 삶과 가치관이 우리의 기준이 되어서는 안 됩니다. 대각을 이루신 부처님의 말씀이 우리 삶의 기준이 되어야 하며, 그 말씀을 믿고 배우고 따르는 것이 자유와 행복으로 가는 첫걸음입니다. 즉 '물질 세력을 항복' 받고 '정신의 세력을 확장'하기 위한 첫 번째가 바로 '진리적 종교의 신앙'인 것입니다.

어느 날 필자는 '신앙信仰'이라는 단어에서 '앙仰'이 '우러를 앙'이라는 뜻의 한자임을 깨닫고 문득 감상이 들었습니다. '신앙信仰'이란 단지 성자의 말씀과 진리를 믿는 데[信] 그치는 것이 아니라, 그 진리와 말씀을 '존경하고 우러러[仰] 받드는 것'이라는 깨달음이었습니다.

필자는 수년 전 한 이슬람 사원을 방문한 적이 있습니다. 그 곳을 안내해 준 인도네시아 청년은 장차 이슬람의 성직자가 되고자 하며, 현재 그 사원에서 수습생으로 지내고 있다고 자신을 소개했습니다.

필자가 모스크 내부 벽 책장에서 코란을 꺼내 읽다가, 그 청년과 함께 절을 하기 위해 코란을 잠시 바닥에 내려놓았습니다. 그러자 그 청년은 곧바로 코란을 집어 들고 벽 책장에 정중히 꽂으며 말했습니다.

"저희는 성스러운 코란을 바닥에 두지 않습니다."

필자는 카펫 위에 놓인 코란을 들어 소중히 벽 책장에 정중히 꽂는 그 청년을 보며, 그가 장차 훌륭한 성직자가 되리라는 생각이 들었습니다. 그는 코란에 대한 경외심으로, '우러러 받드는[仰]' 마음을 행동으로 실천하고 있었던 것입니다.

불보살의 말씀을 '믿는 것'과 그 믿음을 바탕으로 '우러러 받드는 것' 사이에는 분명한 차이가 있습니다. 성자의 말씀이 우리 삶을 참으로 변화시키려면, 단순한 믿음에 머무르지 않고 그

분들과 그 말씀을 경외심으로 우러러 받들어야 합니다. 그래야 나의 고집과 주견을 놓을 수 있고, 마침내 불보살의 가르침에 온전히 순종할 수 있습니다. 그리고 이러한 순종은 성자들의 말씀을 삶 속에서 실천하는 구체적 행위로 이어집니다.

대산 종사님은 대종사님 앞에서, 그리고 법신불 진리 앞에서 자신을 항상 소동小童, 소자小子라고 하셨습니다. 진리 앞에서 스스로를 낮추고 진리를 경외한 참된 신앙의 마음입니다.

진리의 말씀을 믿을 뿐만 아니라 경외심으로 우러러 받들 때, 즉 '신앙'을 할 때 '진리적 종교의 신앙'이 내 안에 체화됩니다.

우리가 진리를 알고 믿게 되었다고 해서 그 진리가 곧바로 우리의 문제를 해결해 주지는 않습니다. 금주나 금연, 살 빼고 건강해지는 방법을 알았다고 해서, 좋지 않은 습관을 즉시 끊어내기 어려운 것과 같습니다. 때로는 하기 싫고 실행이 쉽지 않더라도 우리가 가치 있다고 믿는 것을 실제로 '행동'으로 옮길 때 비로소 정신 세력이 확장되고, 우리 삶도 실질적으로 변화됩니다.

"행하지 않는 믿음은 죽은 믿음이다."(야고보 2:20)라고 예수님은 말씀하셨습니다. 종이에 그려진 불이 추위를 녹여낼 수 없듯, 행하지 않는 믿음이 우리를 변화시킬 수 없습니다. 다시 말해 '정신 세력의 확장'을 위해, 마음의 자유를 얻기 위해, 공부인은 '사실적 도덕의 훈련'을 해야 합니다. '진리적 종교의 신앙'만으로는 충분하지 않습니다. 사실事實, 즉 일[事]과 현실[實] 가운데서 '실질적'인 '훈련'을 해야 합니다.

훈련訓練에서 훈訓은 '가르칠 훈', '훈습薰習할 훈'입니다. 훈습薰習의 사전적 정의는 '열심히 노력하여 숙달하는 것'입니다.

아침에 일찍 일어나기, 정기적으로 운동하기, 매일 좌선하기, 경전을 정기적으로 봉독하고 연마하기 등 우리가 가치 있다고 여기는 일들을 스스로 실천하고 꾸준히 노력하며 자신을 단련해야 합니다. 이는 누구도 대신해 줄 수 없습니다. 대종사님이 진수성찬을 차려주신다 해도, 결국 숟가락을 들고 밥을 먹는 것은 자신의 몫입니다.

훈련訓練에서 련練은 '익힐 연', '단련할 연'이며, 본래 뜻은 '쇠 불릴 연', 즉 용광로에서 쇠를 불에 달군다는 의미입니다. 우리가 건강을 위해 다이어트를 하고, 규칙적으로 운동을 하거나, 좌선을 꾸준히 하는 일 등은 결코 쉽거나 재미있지 않습니다. 그러나 일단 반복하여 습관이 되면 그 유익은 한량없습니다. 쇠가 뜨거운 용광로에 들어가는 과정이 즐겁지는 않지만, 그 과정을 거치며 잡철이 떨어져야 양질의 쇠가 되어 최고의 가치를 지니게 되듯, 우리 인생과 수행도 마찬가지입니다. 재미있지 않더라도 가치 있는 일과 행동을 반복하며 '훈련'하면, 쇠가 용광로를 통과해 정금이 되듯, 우리 삶에서 나의 가치가 한량없이 발전하고 자유의 폭이 넓어집니다. 인생의 고통과 경계를 당할 때마다, '내 인생이라는 쇠가 최고의 정금으로 다시 태어나기 위해, 이 용광로를 거치고 있다.'라고 반조한다면 어려운 경계를 극복하는 데 큰 힘이 될 것입니다.

> 정양선 등이 식당 고역에 골몰하여 얼굴이 빠져감을 보시고, 대종사 말씀하시기를 "너희가 일이 고되어 얼굴이 빠짐이로다. 너희들이 이 공부 이 사업을 하기 위하여 혹은 공장 혹은 식당 혹은 산업부 등에서 모든 괴로움을 참아 가며 힘에 과한 일을 하는 것은 비하건대 모든 쇠를 풀무 화로에 집어넣고 달구고 또 달구며 때리고 또 때려서 잡철은 다 떨어 버리고 좋은 쇠를 만들어 세상에 필요한 기구를 제조함과 같나니, 너희들이 그러한 괴로운 경계 속에서 진리를 탐구하며 삼대력을 얻어 나가야 범부의 잡철이 떨어지고 정금精金 같은 불보살을 이룰 것이라, 그러므로 저 풀무 화로가 아니면 능히 좋은 쇠를 이뤄내지 못할 것이요 모든 괴로운 경계의 단련이 아니면 능히 뛰어난 인격을 이루지 못하리니, 너희는 이 뜻을 알아서 항상 안심과 즐거움으로 생활해 가라."(교단품 8장)

훈련과 수행은 과거 석가모니 부처님처럼 처자를 버리고 왕궁을 떠나 산에서 구도해야만 이루어지는 것이 아닙니다. 때로는 조용한 시간을 갖거나, 스스로 재충전하기 위해 혼자 지내고 산에 오르거나, 정기훈련에 참여하는 것도 중요한 훈련입니다. 그러나 현대를 살아가는 우리에게 더 중요한 것은 '사실적' 훈련입니다. 사실事實이란 일[事]과 현실[實] 속에서 이루어지는 '훈련'을 말합니다. 바로 이 현실의 삶 가운데 수행하는 것이 실지 공부이며, 이러한 공부가 우리의 삶을 직접적으로 향상시키는 힘이 됩니다.

서양에서 불교를 널리 전파하며 많은 존경을 받는 불교 지도자 잭 콘필드Jack Kornfield의 이야기입니다. 그는 20대 중반에 불교와 선 수행을 본격적으로 하고자 태국의 한 사원에 머물렀는데, 말이 거의 통하지 않고 문화도 다른 태국에서 소승불교의 엄격한 수행을 하는 일은 쉽지 않았다고 합니다. 그 후 미국에 돌아와서 결혼하고 가정을 꾸리면서, 그는 태국에서 명상하며 수행하던 시절보다 결혼생활 속에서 마주하는 고난과 경계가 훨씬 더 많다는 것을 알게 되었다고 합니다.

어려운 현실에 부닥칠 때 그것을 잘 참고 공부로써 지혜롭게 극복하는 것이 우리의 실질적 훈련입니다. 마음공부의 목적이 현실 삶을 윤택하게 하는 데 있는 한, 우리는 현실에서 공부해야 하며, 현실 속에서 얼마든지 마음공부를 할 수 있습니다. 이것이 바로 '사실적 도덕의 훈련'입니다.

어느 미국 청년의 이야기입니다. 그는 어린 시절 아버지에게 심한 학대를 받으며 자랐고, 사춘기 이후 그의 마음은 아버지에 대한 분노와 복수로 가득했습니다. 세월이 흘러 아버지는 노쇠해졌고, 결국 요양원에서 지내게 되었습니다.

어느 날 아버지를 뵈러 요양원에 들러 아버지가 있는 방에 들어가니, 아버지의 호흡을 지탱하는 산소 호흡기 튜브가 빠져 있는 것을 발견했습니다. 자신을 그렇게 학대한 아버지에게 '마침내 복수할 기회다!', '아버지가 이제 진리의 벌을 받는구나!' 등 여러 가지 생각이 떠올랐습니다. 간호사를 부르지 않고 그냥 가버릴까 하는 생각도 났습니다. 이렇게 되면 세상에 별로 도움이 되지 않는 아버지가 자연스럽게 사망하기 때문입니다. 그러나 그는 마음을 돌려 즉시 간호사를 불렀고, 아버지는 살아났습니다.

몇 년 뒤 그는 오토바이를 타고 가다가 아주 큰 사고를 당했습니다. 운 좋게 그는 골반만 부러졌는데 의사는 기적이라고 했습니다.

어느 날 그는 최면 치료를 하는 정신과 의사를 알게 되어 최면 치료를 받았습니다. 최면 중에 그의 무의식을 본 의사는 다음과 같은 말을 했다고 합니다.

"당신은 그 오토바이 사고로 죽을 운명이었습니다. 그러나 당신이 그때 아버지를 용서했기에 생사를 가르는 진리의 시험에서 당신은 무사히 통과했습니다. 이제 아버지와의 악연은 끝났습니다."

우리는 현실에서 용서하기 힘든 사람을 만나고, 가정이나 직장에서 억울하고 참기 어려운 상황을 겪습니다. 인내해야 할 상황이 현실 속에서 수없이 생깁니다. 이러한 어려움을 잘 참고 극복하며 공부로 승화시키는 일은 때로 부처님이 히말라야에서 고행하신 것보다 더 힘들지도 모릅니다. 그러나 이것이 진정한 공부이며, 현실 경계라는 공부의 소중한 기회 속에서 '사실적 도덕의 훈련'을 해야 우리의 정신 세력이 확장되고, 삶과 운명이 실질적으로 변화된다는 것을 잊어서는 안 됩니다.

대종사 말씀하시기를 "수도인이 경계를 피하여 조용한 곳에서

만 마음을 길들이려 하는 것은 마치 물고기를 잡으려는 사람이 물을 피함과 같나니 무슨 효과를 얻으리오. 그러므로, 참다운 도를 닦고자 할진대 오직 천만 경계 가운데에 마음을 길들여야 할 것이니 그래야만 천만 경계에 마음이 흔들리지 않는 큰 힘을 얻으리라. 만일, 경계 없는 곳에서만 마음을 단련한 사람은 경계 중에 나오면 그 마음이 바로 흔들리나니 이는 마치 그늘에서 자란 버섯이 태양을 만나며 바로 시드는 것과 같나니라. 그러므로, 유마경維摩經에 이르시기를 '보살은 시끄러운 데 있으나 마음은 온전하고, 외도外道는 조용한 곳에 있으나 마음은 번잡하다.' 하였나니, 이는 오직 공부가 마음 대중에 달린 것이요, 바깥 경계에 있지 아니함을 이르심이니라."(수행품 50장)

저는 원불교 교전을 처음 읽었을 때 왜 종교 경전에 이렇게 많은 군사 용어가 등장하는지 의아했습니다. '항복', '법마상전급', '백전백승', '군인', '도원수' 등 특히 '전쟁'이라는 용어가 『정전』에 많았습니다.

전투와 전쟁, 둘 다 '싸움'을 의미합니다. '전투'는 부분적, 지역적, 단기적인 싸움이며, '전쟁'은 규모가 훨씬 크고 장기적인 싸움을 의미합니다. 『정전』과 『대종경』 어디를 보아도 전투라는 단어는 없지만, '전쟁'이라는 단어는 많이 볼 수 있습니다.

마음에서 일어나는 수많은 유혹의 마군을 물리치는 일은 전투가 아니라 전쟁입니다. 세속적이고 물질적인 세력을 항복시키고 정신의 세력을 확장하는 것 또한 전쟁입니다.

전쟁에 참가한 군인은 반드시 승리하겠다는 강한 결심 없이는 적을 이겨낼 수 없습니다. 물질 세력이라는 적을 '항복'시키려는 강한 결심 없이는 '사실적 도덕의 훈련'에 성공할 수 없습니다.

이러한 공부와 수행은 우리가 차일피일 미루어서는 안 될 일이며, 진리적 신앙을 바탕으로 진리를 알게 된 이상 바로 '지금' 실행해야 합니다. 원불교 개교의 동기는 '현하'라는 단어로 시작합니다. '현하'는 '지금', '오늘'이라는 뜻입니다. '진리적 종교의 신앙'과 '사실적 도덕의 훈련'으로 구체화한 마음공부를 우리는 '지금', '오늘' 바로 해야 하는 것입니다.

"진리적 종교의 신앙과 사실적 도덕의 훈련으로써 정신의 세력을 확장하고, 물질의 세력을 항복 받아, 파란 고해의 일체 생령을 광대 무량한 낙원으로 인도하려 함이 그 동기니라."라는 '개교의 동기'를 처음 읽었을 때, 필자는 단순히 이것이 대종사님이 제생의세를 실현하고자 원불교를 창건한 목적이라고 이해했습니다.

그러나 시간이 지나서 '개교의 동기'가 대종사님의 구원겁래久遠劫來의 서원임을 알게 되었습니다. 만약 이러한 큰 서원이 없었다면 100년 전 대종사님이 한국에 오시지 않았을 것이고, 원불교도 창건되지 않았을 것입니다.

그러나 어느 날 문득, '개교의 동기'가 대종사님이 우리에게 보내신 제생의세의 '초대장'임을 깨달았습니다. 마치 대종사님이 말씀하시는 듯했습니다. '제생의세의 서원대로 사는 것이 곧 영생을 얻는 길이다.', '내가 그렇게 살았듯, 너희도 그렇게 살아보지 않겠니?', '내가 이 일을 하려 하니, 너희도 동참하지 않겠니?' 하는 대종사님의 염려와 사랑이 담긴 초대장이 '개교의 동기'라는 느낌이 들었습니다.

육타원 이동진화 선진님은 명문 가문에서 자라 고등 교육을 받은 분입니다. 육타원님은 젊은 시골 양반 같은 대종사님을 처음 뵈었을 때 예의를 갖추지 않았습니다. 그 모습을 보신 대종사님이 육타원님을 향해 말씀하셨습니다.

> 대종사 이동진화에게 말씀하시기를 "사람이 세상에 나서 할 일 가운데 큰 일이 둘 있으니 그 하나는 정법의 스승을 만나서 성불하는 일이요, 그 둘은 대도를 성취한 후에 중생을 건지는 일이라, 이 두 가지 일이 모든 일 가운데 가장 근본이 되고 큰 일이 되나니라."(인도품 6장)

대종사님의 이 말씀을 듣고 육타원님은 바로 일어나 대종사님께 큰절을 올렸다고 합니다.

모든 사람은 자유롭고 행복한 삶을 살기를 원하지만, 그 방법과 길은 명확히 알지 못합니다. '개교의 동기'에서 대종사님은 인생에서 가장 중요하며 우리가 가장 먼저 해야 할 일이 "파란고해의 일체 생령을 광대 무량한 낙원으로 인도"하는 것임을 간접적으로 밝히고 계십니다.

"진리적 종교의 신앙과 사실적 도덕의 훈련으로써 정신의 세력을 확장하고, 물질의 세력을 항복 받아"라는 말씀은 먼저 내가 성불해서 내 인생에 낙원을 건설하고, 나아가 "파란 고해의 일체 생령을 광대 무량한 낙원으로 인도"하는 서원을 세우라는 대종사님의 당부입니다. 이것이 나를 비롯한 모든 사람이 영생을 얻는 방법이며, 세상을 낙원으로 만드는 길입니다.

예수님 제자이자 기독교 교리를 체계화한 사도 바울은 생계를 위해 천막을 만들었습니다. 건조한 중동 지방에서는 천막 수요가 많았기에 그는 자립을 위해 그 일을 했습니다. 철학자 스피노자 역시 생계를 위해 안경 렌즈 닦는 일을 했습니다.

그러나 우리는 사도 바울을 '천막 만드는 사람'으로, 스피노자를 '렌즈 닦는 사람'으로 기억하지 않습니다. 그들을 위대한 성자와 철학자로 기억합니다.

우리는 세상에서 여러 직업과 일을 하며 살아갑니다. 그러나 진리를 아는 공부인들의 참된 직업은 오직 하나입니다. '최상의 깨달음을 성취하여 모든 생령을 구하는 것'입니다.

우리가 세속에서 하는 다양한 일들은 생계를 위한 일이며, 실제로 어떤 일을 하든 우리 인생이 나아가야 할 방향은 "파란 고해의 일체 생령을 광대 무량한 낙원으로 인도"하는 것입니다.

넬슨 만델라나 마틴 루터 킹 목사만이 위인이 아니고, 간디나 마더 테레사 수녀만이 성인이 아닙니다. "파란 고해의 일체 생령을 광대 무량한 낙원으로 인도"하는 서원을 지닌 사람은 누구나 위인이며 성인입니다. 비록 지금 당장 그 서원을 실현할 능력과 자비심이 부족하더라도, 제생의세의 씨앗을 품고 그렇게 살고자 노력한다면 우주와 사은이 나의 편이 되어, 그 거룩한 서원을 이루도록 만물이 나를 보호하고 인도해 줄 것입니다.

낙락장송도 작은 씨앗에서 시작되듯, 제생의세의 큰 과업도 우리 마음에 제생의세 서원의 씨앗을 심는 데서 출발합니다. 이 서원이 있으면 미운 사람을 용서하기도 쉬워집니다. 언젠가 내가 구해야 할 대상이기 때문입니다. 또한 세상의 유혹에도 쉽게 흔들리지 않게 됩니다.

“진리적 종교의 신앙과 사실적 도덕의 훈련으로써 정신의 세력을 확장하고, 물질의 세력을 항복 받아, 파란 고해의 일체 생령을 광대 무량한 낙원으로 인도하려 함이 그 동기니라.”

이 개교의 동기에서 대종사님은 우리에게 묻고 계십니다. “네 인생의 동기動機, 즉 너의 인생과 마음을 움직이게[動] 하는 동기와 인생 목적[機]이 무엇이냐?”라고.

2

고향 가는 길

[일원상一圓相과 삼학三學]

일원상의 수행–圓相–修行

일원상의 진리를 신앙하는 동시에 수행의 표본을 삼아서 일원상과 같이 원만구족圓滿具足하고 지공무사至公無私한 각자의 마음을 알자는 것이며, 또는 일원상과 같이 원만구족하고 지공무사한 각자의 마음을 양성하자는 것이며, 또는 일원상과 같이 원만구족하고 지공무사한 각자의 마음을 사용하자는 것이 곧 일원상의 수행이니라.

제가 10년 전 필라델피아에 있는 미주선학대학원에 근무할 때의 일입니다. 어느 날 필라델피아교당의 한 교도님이 과일을 들고 선학대 기숙사를 방문했습니다. 차를 마시며 그분과 이런저런 이야기를 나누었는데, 그분이 미국 이민 생활이 힘들다고 하시며 말했습니다. "교무님, 이민 온 지 7년이 넘었는데, 영어를 잘 못해서 너무 스트레스를 받고 있어요. 비즈니스에서도 손해가 많은 것 같아요. 영어만 잘해도 소원이 없을 것 같아요." 제가 물었습니다. "○○교도님, 필라델피아교당에 영어 잘하시는 교도님들 많죠. 그들이 다들 행복하게 살고 있던가요? 특히 2세들은 영어가 모국어인데 그들이 다 행복하게 살고 있던가요?"

몇 주 후, 필라델피아교당 일요일 법회를 마치고 점심을 먹는데 다른 교도님이 말했습니다. "교무님, 하루 종일 일하느라

바쁘고, 주말에도 일을 해야 할 경우가 많아, 데이트할 시간도 없고…, 나이는 자꾸 들어가고…. 결혼해서 안정되면 소원이 없겠습니다." 그래서 제가 물었습니다. "교도님, 여기 결혼하신 분 많이 있지요. 그분들이 다들 행복하게 사는 것으로 보입니까? 실제로 결혼한 많은 교도님들은 결혼 안 한 분들처럼 자식 걱정, 집세 걱정만 안 해도 좋겠다고 말합니다."

우리는 살면서 이것만 바뀌면 좋겠다, 저것만 이루어지면 소원이 없겠다고 생각하곤 합니다.

자식 걱정만 안 하면, 이번에 승진만 되면, 완전히 건강만 회복하면 등등, 이것만 바뀌면 좋겠다고 생각하고 사는 것이 우리 삶의 모습입니다. 돈이 많든 적든, 승진이 되든 안 되든, 자식이 좋은 대학에 가든 못 가든, 건강이 좋든 아니든…. 외적 환경과 상관없이 우리가 행복과 자유를 누리며 사는 방법은 없을까요?

하루는 대종사님이 조송광 선진님과 함께 익산 총부 근교를 산책하였습니다. 그때 조송광님이 그곳에 있는 아름다운 소나무를 보고 말씀드렸습니다.

> "참으로 아름다워라, 이 솔이여! 우리 교당으로 옮기었으면 좋겠도다." 하거늘 대종사 들으시고 말씀하시기를 "그대는 어찌 좁은 생각과 작은 자리를 뛰어나지 못하였는가. 교당이 이 노송을 떠나지 아니하고 이 노송이 교당을 떠나지 아니하여 노송과 교당이 모두 우리 울안에 있거늘 기어이 옮겨놓고 보아야만 할 것이 무엇이리요. 그것은 그대가 아직 차별과 간격을

> 초월하여 큰 우주의 본가를 발견하지 못한 연고니라." 송광이 여쭙기를 "큰 우주의 본가는 어떠한 곳이오니까." 대종사 말씀하시기를 "그대가 지금 보아도 알지 못하므로 내 이제 그 형상을 가정하여 보이리라." 하시고, 땅에 일원상을 그려 보이시며 말씀하시기를 "이것이 곧 큰 우주의 본가이니 이 가운데에는 무궁한 묘리와 무궁한 보물과 무궁한 조화가 하나도 빠짐없이 갖추어 있나니라." 음광이 여쭙기를 "어찌하면 그 집에 찾아 들어 그 집의 주인이 되겠나이까." 대종사 말씀하시기를 "삼대력의 열쇠를 얻어야 들어갈 것이요, 그 열쇠는 신·분·의·성으로써 조성하나니라."(불지품 20장)

우주의 본가를 발견하고 그곳에 들어가면, 즉 진리를 깨쳐 진리와 하나가 되면 나와 남이라는 생각이 없어지고, 고통의 뿌리가 사라지게 된다고 대종사님은 말씀하십니다. 그러면 주변 상황과 환경을 떠나서 자유를 누리게 됩니다. 그리고 우주 본가의 형상을 동그라미로 그리시며, 이 우주의 본가에는 "무궁한 묘리와 무궁한 보물과 무궁한 조화가 하나도 빠짐없이 갖추어져 있다."라고 말씀하셨습니다.

불교에서는 우주의 본원[기독교에서는 창조주라고 함]과 우리의 참 마음, 불성佛性을 흔히 둥근 원圓으로 상징합니다. 그래서 선방禪房에서는 불상 대신 동그라미 원상圓相이 모셔져 있는 곳이 많습니다.

기독교에서도 과거에 하나님을 원圓으로 상징하고는 했습

니다. "God is a circle whose center is everywhere, whose circumference is no where.[신神은 모든 곳에 있으나, 경계가 없는 원圓이다.]" 이는 기독교 철학을 세우고 기독교 교리를 정립한 성 어그스틴Saint Augustine의 유명한 하나님의 정의입니다.

현상의 세계는 남자와 여자, 여름과 겨울, 물과 불, 고와 낙, 성공과 실패 등 상대의 세계로 나누어져 있습니다. 하나님을 '절대자'라고 부르는 이유는 우주의 본원, 혹은 창조주가 이 상대의 세계를 초월해 있기 때문입니다. 불교에서는 이 자리를 불성佛性이라 하고, 참 마음이라고도 부릅니다. 이 자리는 고와 낙이 사라진 자리이기에 극락極樂이라고도 하는데, 바로 우리 성품性品 자리입니다. 이 성품 자리를 깨치는 것을 견성見性이라 합니다. 불자들이 '나무아미타불'을 외우는 것도 생과 사, 고와 낙을 초월한 '아미타불', 즉 우리 불성 자리로 돌아가자는 것입니다.

> 한 제자가 여쭙기를 "극락과 지옥이 어느 곳에 있나이까." 대종사 말씀하시기를 "네 마음이 죄복과 고락을 초월한 자리에 그쳐 있으면 그 자리가 곧 극락이요, 죄복과 고락에 사로잡혀 있으면 그 자리가 곧 지옥이니라." 또 여쭙기를 "어찌하여야 길이 극락 생활만 하고 지옥에 떨어지지 아니하오리까." 대종사 말씀하시기를 "성품의 본래 이치를 오득하여 마음이 항상 자성을 떠나지 아니하면 길이 극락 생활을 하게 되고 지옥에 떨어지지 아니하리라."(변의품 10장)

"어찌하면 그 집에 찾아 들어 그 집의 주인이 되겠나이까?" 라는 질문에 대종사님은 "삼대력의 열쇠를 얻어야 들어갈 것이다."라고 말씀하셨습니다. 우주의 본가, 고와 낙을 여읜 극락세계에 들어가기 위해서는 삼대력을 갖추어야 한다는 뜻입니다. 극락은 돈이나 명예와 같은 외부 조건으로 갈 수 있는 곳이 아니라, 근원적으로 우리 마음이 세 가지 힘을 갖추어야만 갈 수 있다는 말입니다.

삼대력, 즉 세 가지 힘이란 우리 마음의 '수양력·연구력·취사력'을 말합니다. 수양력은 마음이 바깥 경계나 유혹 등에 흔들리지 않고 집중과 편안함을 유지하는 힘이며, 연구력은 세상일이나 진리 분야를 알고 문제를 해결할 수 있는 지식과 지혜의 힘이며, 취사력은 바른 것은 취하고 바르지 못한 것을 과감히 버릴 수 있는 실행의 힘입니다.

근력, 지구력, 순발력 등 육신에 여러 힘이 있듯이, 우리 정신에도 이와 같은 세 가지 힘이 존재합니다.

수레가 가지 않으면 수레가 아닌 수레를 끄는 말을 채찍질해야 한다는 것을 사람들은 잘 알고 있습니다. 그러나 인생에 있어서 인간관계나 금전 등의 문제가 생길 때, 그 근본 원인을 자기 마음에서 찾는 사람은 별로 없습니다.

> 대종사 말씀하시기를 "보통 사람들의 생활은 한갓 의·식·주를 구하는 데만 힘을 쓰고, 그 의·식·주를 나오게 하는 원리는 찾지 아니하나니 이것이 실로 답답한 일이라, 육신의 의·식·

주가 필요하다면 육신 생활을 지배하는 정신에 일심과 알음알이와 실행의 힘은 더 필요할 것이 아닌가. 정신에 이 세 가지 힘이 양성되어야 그에 따라 의·식·주가 잘 얻어질 것이요, 이것으로 그 사람의 원만한 인격도 이루어질 것이며, 각자의 마음 근본을 알고 그 마음을 마음대로 쓰게 되어야 의·식·주를 얻는 데에도 정당한 도가 실천될 것이며, 생·로·병·사를 해탈하여 영생의 길을 얻고 인과의 이치를 알아 혜복을 구하게 될 것이니, 이것이 또한 참답고 영원한 의·식·주 해결의 길이라, 그러므로 정신의 삼강령이 곧 의·식·주 삼 건의 근본이 된다고 하노라."(교의품 19장)

대종사 예회에서 대중에게 말씀하시기를 "내가 오늘은 그대들에게 돈 버는 방식을 일러 주려 하노니 잘 들어서 각각 넉넉한 생활들을 하여보라. 그 방식이라 하는 것은 밖으로 무슨 기술을 말하는 것이 아니라 안으로 각자의 마음 쓰는 법을 이름이니, 우리의 교법이 곧 돈을 버는 방식이 되나니라. 보라! 세상 사람들의 보통 생활에는 주색이나 잡기로 소모되는 금전이 얼마이며, 허영이나 외화로 낭비되는 물질이 얼마이며, 나태나 신용 없는 것으로 상실되는 재산이 또한 그 얼마인가. 생활의 표준이 없이 되는 대로 지내던 그 사람이 예회에 나와서 모든 법을 배우는 동시에 하라는 일과 말라는 일을 다만 몇 가지만 실행할지라도 공연히 허비하던 돈이 밖으로 새어 나가지 아니하고 근검과 신용으로 얻는 재산이 안에서 불어날 것이니, 이

것이 곧 돈을 버는 방식이니라. 그러하거늘, 세상 사람들은 공부하는 것이 돈 버는 것과는 아무 관계가 없는 줄로 알고 돈이 없으니 공부를 못 한다 하며 돈을 벌자니 예회에 못 간다 하나니, 그 어찌 한 편만 보는 생각이 아니리오. 그러므로, 이 이치를 아는 사람은 돈이 없으니, 공부를 더 잘하고 돈을 벌자니 예회에 더 잘 나와야 하겠다는 신념을 얻어서 공부와 생활이 같이 향상의 길을 얻게 되리라."(수행품 8장)

인생에서 발생하는 제반 문제의 근본 원인과 해결책은 우리 '마음'에서 찾아야 합니다. 우리의 습관과 가치관 등은 마음의 다양한 모습이며, 이 마음을 근원적으로 바로잡지 않으면 자유롭고 행복한 삶을 살 수 없습니다. 아무리 이상적인 환경에 있어도 항상 불평하는 사람이 있고, 오늘날 경쟁사회에서는 많은 사람이 이미 가지고 있는 것을 보지 못하고 없는 것에 초점을 맞추며 살기에, 마음공부 없이 만족하고 자유로운 인생을 살기 어렵습니다.

원불교 3대 종법사이신 대산 종사님은 인류의 여러 발견 중 가장 위대한 발견이 부처님의 '일체유심조一切唯心造'라고 하셨습니다. 즉 "이 세상의 모든 것이 바로 내 마음이 창조한 것"이라는 부처님의 진리 발견이 인류의 가장 근본적이고 위대한 발견이라는 말씀입니다.

다음은 이스라엘을 건국한 성자 다윗왕의 시편 구절입니다.

"여호와는 나의 목자시니 내게 부족함이 없으리로다. 그가 나를 푸른 초장에 누이시며 쉴 만한 물가로 인도하시도다. 내 영혼을 소생시키시고 자기 이름을 위하여 의의 길로 인도하시도다. 내가 사망의 음침한 골짜기로 다닐지라도 해를 두려워하지 않을 것은 주께서 나와 함께 하심이라. 주의 지팡이와 막대기가 나를 안위하시나이다. 주께서 내 원수의 목전에서 내게 상을 베푸시고 기름을 내 머리에 부으셨으니 내 잔이 넘치나이다."(시편23:1-5)

이 구절은 다윗이 왕이 되기 전, 사울왕에게 쫓겨 언제 죽을지 모르는 상황에서, 사울왕을 피해 동굴에 있으며 지은 시입니다. 그렇게 어렵고 위험한 환경 속에서도 그는 "내 잔이 넘치나이다." 하며 감사와 찬양을 멈추지 않았습니다. 이것이 바로 성자들의 마음입니다. 우리 공부인들도 이러한 성자의 마음을 닮기 위해 마음공부에 더욱 힘써야 합니다. 삼대력을 얻어 본성에 합하는 마음공부가 현실을 살아가는 우리에게 매우 필요하고 중요한 일임을 자각해야 합니다.

진리와 합치는 마음공부가 구체적으로 무엇인지, 대종사님은 『정전』 '일원상 수행'에서 잘 설명하십니다.

"일원상의 진리를 신앙하는 동시에 수행의 표본을 삼아서 일원상과 같이 원만구족圓滿具足하고 지공무사至公無私한 각자의 마음을 알자는 것이며, 또는 일원상과 같이 원만구족하고 지공

> 무사한 각자의 마음을 양성하자는 것이며, 또는 일원상과 같이 원만구족하고 지공무사한 각자의 마음을 사용하자는 것이 곧 일원상의 수행이니라."

삶에서 우리 마음을 일원상, 즉 본성에 합하는 마음공부를 하기 위해 가장 중요한 것은 '일원상의 진리를 신앙'하는 것입니다.

부처님은 2500년 전, 29세에 왕궁을 떠나 히말라야에서 구도를 하셨습니다. 불성, 진리를 얻기 위해 범인이 상상하기 어려운 고행을 거듭하신 끝에 35세에 보리수나무 아래에서 마침내 대각하셨습니다.

부처님은 불성을 '얻기' 위해 고행하셨지만, 정작 깨닫고 보니 우리의 본성, 즉 진리가 '이미', '원래' 일체 중생에게 내재해 있다는 사실에 감탄하셨습니다.

공부인들은 하나님, 법신불, 불성, 본성이라 부르는 전지하고 전능한 그 세계가 '이미' 우리 마음에 내재해 있음을 믿어야 합니다. 이것이 바로 '일원상의 진리를 신앙'하는 것입니다.

하루는 예수님이 제자들과 함께 길을 가는 데 혈우병을 앓던 한 여인이 다가왔습니다. 혈우병은 피가 잘 멈추지 않는 병으로, 2000년 전 가난했던 그 여인에게는 치명적인 병이었을 것입니다.

많은 사람에 둘러싸여 있는 예수님께 그 여인이 접근하는 일은 쉽지 않았습니다. 그러나 여인은 예수님이 수많은 병든 사람들을 치료하는 모습을 보고, 이분이라면 자기를 치료할 수 있다는 믿음으로 다가가 예수님의 옷자락을 만졌습니다. 그 순간 예수님이 걸음을 멈추시고 "누가 나를 만졌느냐"라고 물으셨습니다. 곁에 있는 제자는 "이렇게 많은 사람이 밀치고 걸어가고 있는데 그것이 무슨 말입니까?"라고 했습니다. 그러자 예수님은 "누가 큰 믿음으로 나를 만졌다."라고 말씀하셨습니다.

갑자기 예수님과 제자들이 걸음을 멈추고 누군가를 찾는 듯하자 여인은 겁이 났습니다. 여인은 예수님께 자신의 병 증세와 예수님의 옷자락을 만지는 순간 피가 멈추며 병이 나았다는 사실을 떨면서 말씀드렸습니다. 그러자 예수님은 "딸아, 네 믿음이 너를 고쳤느니라."(마5:25-34) 하셨습니다. 예수님은 '하나님'이나 자신이 고친 것이 아니라, 바로 '너의 믿음'이 너를 고쳤다고 말씀하십니다.

공부인에게도 무엇보다 전지전능한 불성이 내 안에 있다는 믿음이 있어야 합니다. 이것이 수행의 기초입니다.

방 안에 전등이 있어도 스위치를 켜지 않으면 여전히 어둡듯, 수행자는 믿음이라는 문을 통해 진리의 빛을 받아들입니다. 방에 전기가 흐른다는 믿음이 없으면 스위치를 올릴 수 없는 것처럼, 진리에 대한 믿음, 즉 불성이 내 안에 있다는 믿음이 없거나 약하면 수행을 적극적으로 할 수 없고 여러 마장을 맞닥뜨리게 됩니다.

부처님도 "불법의 바다는 믿음으로 들어간다."라고 말씀하셨습니다.

대종사 말씀하시기를 "봄바람은 사私가 없이 평등하게 불어 주지마는 산 나무라야 그 기운을 받아 자라고, 성현들은 사가 없이 평등하게 법을 설하여 주지마는 신 있는 사람이라야 그 법을 오롯이 받아 갈 수 있나니라."(신성품 11장)

"도가에서 공부인의 신성을 먼저 보는 것은 신信이 곧 법을 담는 그릇이 되고, 모든 의두를 해결하는 원동력이 되며, 모든 계율을 지키는 근본이 되기 때문이니, 신이 없는 공부는 마치 죽은 나무에 거름하는 것과 같아서 마침내 결과를 보지 못하나니라. 그러므로 그대들도 먼저 독실한 신을 세워야 자신을 제도하게 될 것이며, 남을 가르치는 데에도 신 없는 사람에게 신심 나게 하는 것이 첫째가는 공덕이 되나니라."(신성품 7장)

송현풍이 무한 동력을 연구 중이라 하거늘, 정산 종사 말씀하시기를 "기계의 동력에도 무한 동력이 필요하지마는 우리의 수도에도 무한 동력이 필요하나니 수도의 무한 동력은 곧 신성이라, 이 신성이야말로 범부를 성인 만드는 가장 큰 원동력이니라."(권도편 25장)

또한 우리의 본성인 일원상 진리는 우리의 '신앙의 대상'인 동시에 '수행의 표준'이 됩니다.

"일원상의 진리를 신앙하는 동시에 수행의 표본을 삼아서 일원상과 같이 원만구족圓滿具足하고 지공무사至公無私한 각자의 마음을 알자는 것이며….”

불성, 즉 본래 마음이 ‘원만구족圓滿具足’하다는 것은 본래 마음은 텅 비어 있지만 모든 것이 완전히 갖추어져 있다는 뜻입니다. ‘완벽한 지혜’와 ‘전지의 능력’이 구족해 있다는 말입니다. 이 믿음을 바탕으로 우리는 기도도 더욱 정성스럽게 드릴 수 있고, 수행길에서 난관에 봉착할 때도 믿음으로 그 역경을 극복하며 꾸준히 정진할 수 있습니다.

여러분은 전신 마취 수술을 받아 본 적이 있나요? 전신 마취 상태에서는 의사가 내 몸에 무엇을 했는지 의식으로 전혀 알 수 없습니다. 그런데 정말 깊은 최면에 들어가면, 수술 중 의사와 간호사가 나눈 말이나 수술 과정까지 떠올릴 수 있다고 합니다. 의식 차원에서는 기억하지 못하지만, 깊은 최면 상태에서는 이를 떠올릴 수 있다는 것은 우리 마음이 이런 전지의 능력을 갖추고 있다는 것을 보여줍니다. 성자들은 바로 이 세계를 확실히 깨닫고 의식의 세계에서도 이를 잘 활용하는 분들입니다.

우리 마음에 쌓인 욕심과 망념이 구름처럼 드리워져, 본래 밝은 자성의 태양, 즉 ‘원만구족圓滿具足하고 지공무사至公無私’한 본성의 빛을 가려 버립니다. 이 ‘원만구족圓滿具足하고 지공무사至公無私한 각자의 마음’이 곧 우리 수행의 표본입니다.

“일원상의 진리를 신앙하는 동시에 수행의 표본을 삼아서….” 표본이 된다는 말은 이것처럼 우리 마음을 만들어 가야 한다는 뜻입니다. 붓글씨를 처음 배울 때 명필의 글씨를 본보기로 삼아 연습합니다. 그 명필처럼 쓰기 위함입니다. 테니스를 처음 배우는 사람들이 프로 선수의 폼을 수시로 보며 연습하는 것도 마찬가지입니다.

보이지 않는 본성 혹은 일원상의 진리를 신앙의 대상이자 수행의 표본으로 삼는 일이 추상적으로 생각된다면, 일원상의 진리와 합일된 부처님이나 대종사님의 모습을 표본으로 삼을 수 있습니다. 저는 때때로 어떤 결정을 하기 힘들 때 '대종사님이라면 이 경우에 어떤 판단을 내렸을까?'하고 스스로 물어보면, 보다 바른 판단으로 쉽게 인도되는 경험을 자주 합니다.

나다니엘 호손의 『큰 바위 얼굴』이라는 소설이 있습니다. 미국 한 작은 마을에 큰 바위가 있었는데, 그 마을에서는 큰 바위 얼굴을 닮은 위대한 인물이 나타나 마을과 세상을 구할 것이라는 이야기가 전해 내려왔습니다.

주인공 어니스트는 어릴 때부터 늘 그 큰 바위 얼굴을 보면서, 그 마을을 구해줄 인물을 고대했습니다. 세월이 흘러 어니스트가 중년이 되었을 때, 자기가 바로 그 큰 바위 얼굴을 닮은 인물이었음을 알게 됩니다.

일원상과 대종사님의 언행이 표준이 되어, 우리가 그것을 자주 묵상하고 닮아가려 노력한다면 언젠가 우리는 부처님이나 대종사님처럼 될 수 있습니다. 즉 일원상과 합일하는 것입니다.

『정전』'일원상의 수행'을 다시 보겠습니다.

> "일원상의 진리를 신앙하는 동시에 수행의 표본을 삼아서 일원상과 같이 원만구족圓滿具足하고 지공무사至公無私한 각자의 마

> 음을 알자는 것이며, 또는 일원상과 같이 원만구족하고 지공무사한 각자의 마음을 양성하자는 것이며, 또는 일원상과 같이 원만구족하고 지공무사한 각자의 마음을 사용하자는 것이 곧 일원상의 수행이니라."

일원상을 표본 삼아 수행할 때, 일원상 진리와 하나 되는 첫 단계는 '원만구족하고 지공무사한 각자의 마음을 아는 것'입니다. 곧 우리의 본래 마음자리, 진리를 깨닫는 것입니다.

> "일원상과 같이 원만구족圓滿具足하고 지공무사至公無私한 각자의 마음을 알자는 것이며."

중국 선종의 2대 조사인 혜가는 젊은 시절 유교에 조예가 깊은 학자였습니다. 그러나 많은 학식을 갖추었음에도 마음의 안정을 얻지 못한 그는, 인도에서 고승이 왔다는 소식을 듣고 소림사를 찾아갔습니다. 달마 대사는 소림사 위에 있는 동굴에서 참선하고 있었는데, 혜가는 동굴 앞에서 오랜 시간을 기다렸지만 달마 대사는 좀처럼 나오지 않았습니다.

마침내 참선을 마치고 동굴을 나온 달마 대사가 혜가에게 물었습니다. "왜 나를 찾느냐?"

혜가는 대답했습니다. "마음이 불안하니 불안한 마음을 안정시켜주십시오."

그러자 달마 대사는 말했습니다. "네 불안한 마음을 내게 가져오거라."

혜가는 자기의 불안한 마음을 어떻게 보여주어야 할지 생각하다가 어떤 방법도 생각나지 않아 말했습니다. "불안한 마음을 보여줄 수 없습니다."

그러자 달마 대사가 말했습니다. "그럼 내가 네 불안한 마음을 이미 안심시켰느니라."

이 말에 혜가는 깨달음을 얻었고, 훗날 달마 대사의 법을 이어 선종의 2대 조사가 되었습니다.

이 일화가 시사하는 바는 매우 큽니다. 혜가의 물음은 '왜 내 마음이 불안할까?'라는 일반 사람들의 생각과 흡사합니다. 예를 들어 인간관계, 금전, 자식 걱정 등이 그렇습니다.

그러나 달마 대사의 질문은 단순히 가지의 질문이 아니라 뿌리를 보게 하는 질문이었습니다. 즉 '왜' 불안하냐가 아니라 '무엇'이 불안하냐는 것입니다. 개가 돌에 맞으면 개는 돌을 쫓아가지만, 사자는 돌을 던진 사람을 쫓는다는 말이 있습니다. '왜' 불안하냐는 환경적[나무로 말하자면 가지] 물음보다 '무엇'이 불안하냐는 '마음의 본체'[나무로 말하자면 뿌리]를 보라는 뜻입니다.

마음의 본체를 알면 불안이나 염려 등 제반 문제가 저절로 해결된다는 것이 불교의 핵심 가르침입니다. 따라서 불교를 '깨달음'의 종교라고 하는 것입니다. 뿌리가 잘리면 잎과 가지도 결국 시들 듯이, 우리 마음의 본질과 공空의 도리를 알면 고민과 제반 걱정과 근심의 뿌리가 사라지고 우리는 해탈하게 됩니다. 우리가 염려하고 걱정하는 근본 원인은 자아 관념, 즉 '나'라는 생각에서 나옵니다. 선가에서는 이를 '직지인심直指人心 견성성불見性成佛'이라 합니다. 즉 마음을 바로 깨달아 부처를 이룬다는 뜻입니다.

현대인들은 다양한 지식을 가지고 있지만, 이러한 지식이 행복과 자유를 보장하지는 못합니다. 일반 지식과는 다른 우리 본성을 깨닫게 하는 지식 혹은 지혜, '원만구족하고 지공무사한 각자의 마음'을 아는 지혜가 있습니다. 불교에서는 이를 '반야지prajna'라고 부릅니다. 예수님은 "진리가 너희를 자유롭게 하리라."라고 말씀하셨는데, 그 '진리'가 바로 '반야지'입니다.

진리를 깨닫게 하는 반야지는 일반 지식과 달리 우리 마음과 인생을 자유롭게 하는 '힘'을 가지고 있습니다.

심리학자나 정신과 의사도 인간의 마음을 연구하고 치료하지만, 그들 역시 고민과 염려, 나쁜 습관을 가지고 있는 것처럼, '지식'이 우리를 자유롭게 만들어주지는 않습니다. 그러나 참 마음과 우주의 근원을 알게 하는 지혜, 즉 반야지는 우리를 고통에서 벗어나게 하는 '능력'을 가지고 있습니다. 또한 반야지는 우리의 헛된 욕심과 착심을 놓게 하는 '힘'을 가지고 있습니다.

성자들의 종교 경전들이 바로 이러한 지혜, 반야지를 담고 있습니다. 이를 읽고 묵상하거나, 도반과 회화하거나, 이를 주제로 강연 및 설교를 하면 반야지를 드러낼 수 있습니다.

따라서 우리 수행인은 무엇보다 삶을 자유롭게 하기 위해 마음의 근본을 깨달아야 하며, 이를 위해 성자 철인의 말씀인 경전을 공부하고 묵상하며 열심히 진리를 배워야 합니다.

또한 구경의 진리를 깨치기 위해 화두 공부를 하는 것이 중요합니다. 진리를 깨치지 않으면 고통의 뿌리에서 벗어날 수 없기에, 대산 종사님은 "이 세상에서 제일 급한 것이 견성見性하는 일이다."라고 말씀하셨습니다. 이것이 불교의 근본 가르침이기에 일원상 수행의 첫 번째는 "일원상과 같이 원만구족하고 지공무사한 각자의 마음을 아는 것"입니다.

다음은 일원상과 같은 우리의 본성을 잘 '양성'하는 공부입니다.

> "또는 일원상과 같이 원만구족하고 지공무사한 각자의 마음을 양성하자는 것이며."

어떤 여자분이 파티에 새 옷을 입고 갔습니다. 많은 사람이 그 옷을 이쁘다고 칭찬했지만, 친구 한 명이 "그 옷이 잘 어울리는데, 빨간색이라 네가 좀 뚱뚱해 보인다."라고 말했습니다. 친한 친구라 그런 말을 할 수 있다고 생각했지만, 파티가 끝날 때까지 그 여자의 뇌리에는 그 친구의 말이 맴돌았다고 합니다.

시험 보기 전에 긴장하지 않겠다고 마음먹는다고 해서 마음이 바로 평안해지지는 않습니다. 시기심, 상대심, 헛된 욕심을 내려놓아야겠다고 마음먹어도 마음이 곧바로 그렇게 변하지 않습니다.

많은 선지식은 우리가 본성을 깨닫는 것을 어린아이가 새로 태어나는 것과 같다고 비유했습니다. 그러나 아기는 어른과 같이 육근을 그대로 가지고 있지만 그것을 힘 있게 사용하지 못합니다. 잘 자라서 어른이 되어야 육근을 잘 사용할 수 있습니다.

> "일원상과 같이 원만구족하고 지공무사한 각자의 마음을 양성하자는 것이며…."

우리가 우리 본성을 깨닫는 것뿐만 아니라, 본성을 잘 양성해서 마음의 '힘'을 키워야 합니다. 이는 마치 우리 몸에 근육을 기르는 것과 같습니다.

우리가 인생을 사는 동안 주변 환경이 완벽할 수 없습니다. 완벽하다는 것조차 주관적인 기준입니다. 현대 사회에서 자기 인생에 만족하고 사는 사람들은 거의 없습니다. 우리는 늘 무엇인가를 이루고, 더 가지려 하는 '추구'의 삶을 살고 있습니다.

현대인은 염려 속에 살아갑니다. 영국의 철학자 존 로크(1632~1704)는 "우리를 지배하는 것이 염려다. 염려가 우리 마음에서 주인 행세를 하고 있다."라고 말했습니다.

걱정이나 염려를 싫어한다고 해서 근심 걱정이 우리 마음에서 떠나지는 않습니다. 상대심, 비교심, 질투심, 헛된 욕심 등도 마찬가지입니다. 우리 근육에 힘이 있어야 무거운 물건을 쉽게 들고 옮길 수 있듯이 마음에도 힘이 있어야 우리 마음을 잘 사용할 수 있고, 염려, 불안, 우울증 등 여러 부정적인 생각도 침범하지 못하게 됩니다. 즉 '원만구족하고 지공무사한 각자의 마음을 양성'해야 하는 것입니다.

육신 근육은 많이 사용할수록 강해집니다. 그러나 현대인처럼 생각과 염려가 끊임없는 마음은 육신의 근육과 달리 멈추고 휴식할수록 힘이 강해집니다. 작은 새싹은 바람에 뽑히지만, 낙락장송은 태풍도 견딥니다. 마음을 멈추는 시간을 많이 가질수록 수양력이 쌓이고 마유의 힘이 강해져, 여러 어려움과 외경에 흔들리지 않으며 인생에 중심이 서게 됩니다.

염불, 좌선, 기도 등으로 우리 마음을 멈추고 정신을 쉬게 하면 '원만구족하고 지공무사한 마음을 양성'할 수 있습니다.

대산 종사님이 말씀하십니다.

"모든 경계 중에 늘 멈추고 멈추어 늘 가라앉히고 가라앉혀서 대안정력을 얻을 것이니라."

힘들지만 때로는 체육관에서 근육을 단련해야 하듯이 수양 시간을 꾸준히 규칙적으로 가져야 합니다. 좌선, 염불, 기도 등의 정靜적인 공부뿐 아니라, 일상생활에서 화를 참거나 헛된 욕심을 참는 등, 동動하는 생활 속에서도 인욕 공부를 하여야 합니다. 비 온 뒤에 땅이 더욱 굳듯이 경계 중에 인욕 공부를 하면 수양력이 크게 쌓입니다. 특히 성자나 위인들은 모두 역경 속에서 마음의 힘을 기른 분들입니다.

원불교에서 원무님으로 존경받는 한 선생님의 이야기입니다.

그분은 자원해서 대안학교에서 교사 생활을 하였는데, 그 학교 학생들의 반수 이상은 일반 고등학교에서 적응하지 못하거나 문제를 일으켜 제적된 학생들이었습니다. 그 학교 학생들은 기숙사 생활을 하였는데, 학생들이 저녁에 몰래 빠져나와 사고를 쳐서 한밤중에 선생님이 경찰서에 가서 학생들을 데리고 오는 일이 허다했습니다. 이 문제가 반복되곤 했습니다.

그러나 원무님은 많은 학생이 사랑과 인정받지 못한 환경적 결핍 속에 자랐다는 것을 잘 알고 있었습니다. 원무님은 밤중에 경찰서에 있는 학생을 데리러 가면, 먼저 그 학생을 끌어안으며 "네가 나를 참으로 적공시켜 주는구나."라고 말했다고 합니다. 이는 경계 속에서 마음을 멈추는 인욕 공부, 수양 공부를 잘 실천한 사례입니다. 일상생활의 경계를 공부로 잘 승화한 것입니다.

오늘날 우리는 부처님처럼 설산에서 고행할 필요가 없습니다. 우리 삶 속에서 이미 우리를 요란하게 하고 힘들게 하는 수많은 경계가 있기 때문입니다. 현실 생활 속에서 잘 참는 공부는 현대 수행자들에게 놓쳐서는 안 될 소중한 공부입니다. 이를 통해 우리의 정력이 쌓이고 삶이 개선됩니다.

원불교 2대 종법사님이신 정산 종사님이 다음과 같이 말씀하셨습니다.

> "송죽은 상설을 지냄으로써 그 절개를 얻고, 보살은 인욕으로써 그 마음을 기르나니, 인욕의 공부는 처음에는 죽순 같고 다음에는 대 같고 마침내는 태산교악 같아 만세에 뽑지 못할 힘이 있고, 마음 넓히는 공부는 처음에는 시내 같고 다음에는

강江 같고 마침내는 대해 창양 같아서 불가사의한 역량이 있나니라."(응기편 7장)

일이 없을 때 염불 좌선 공부와 일이 있을 때 인욕 공부를 잘 병진 수행하면 생활 가운데 큰 수양력을 얻을 수 있습니다. 이렇게 해서 쌓인 수양력은 일생뿐만 아니라 영생을 간다는 것을 잘 알아야 합니다.

필자 어머니는 50대 말 대장암 진단을 받으셨습니다. 암이 이미 많이 퍼진 상태라 수술을 할 수 없었고 의사가 6개월 이상 살기 힘들 것이라고 말했습니다. 필자는 어머니가 임종하시기 전에 미리 준비해야 한다고 생각했기에 어머니께 의사 선생님께 들은 말을 솔직하게 전해드렸습니다. 어머니는 상태의 심각성을 듣고 놀랐지만 크게 염려하지는 않는 것 같았습니다. 항암 치료하면 원래 약한 몸이 견디기 힘들 것 같으니, 어머니는 항암 치료하지 않고 죽는 날까지 그냥 즐겁게 살겠다고 하셨습니다. 저희 식구들은 어머니가 주변 사람들에게 걱정을 끼치지 않게 하려고, 겉으로는 그렇게 말하지만, 속으로 많은 염려를 할 것으로 생각했습니다.

그러나 얼마 후 실제로 어머니가 크게 염려하지 않는다는 것을 저희 식구들은 발견했고, 어머니는 순간순간 낙도 생활을 하셨습니다.

의사 말과는 달리 어머니는 항암치료도 전혀 받지 않고 6년 이상을 통증 없이 살고 가셨습니다. 어머니가 특별 수행인은 아니었지만, 교당을 꾸준히 다니면서 매일 조금씩 좌선, 기도, 염불, 일기 기재 등으로 공부하셨으니 결국 마음에 수양력이 쌓였고, 말기 암이라는 역경 속에서도 큰 염려 없이 낙도 생활을 한 것입니다.

헬스장에 한 번 갔다고 근육이 바로 튼튼해지지 않습니다. 꾸준히 운동하면 틀림없는 결과가 나옵니다. 때론 번거롭고 재미있지는 않지만 육신 건강을 생각해서 우리가 운동하듯이 좌선, 염불, 기도, 무시선 공부가 항상 재미있고 쉬운 것은 아니지만 꾸준히 해야 하고, 그렇게 하면 인생이 참으로 업그레이드됩니다. 마음이 달라지면 인생과 운명이 바뀝니다. 모든 것에 있어서 결과를 성취하는 데는 시간이 걸린다는 것을 잊어서는 안 됩니다.

일원상 수행의 마지막은 마음을 잘 '사용'하는 것입니다.

> "또는 일원상과 같이 원만구족하고 지공무사한 각자의 마음을 사용하자는 것이 곧 일원상의 수행이니라."

비싼 헬스장 회원권을 구매하고 가지 않는 경우가 많습니다. 집에 운동기구 사 놓고 사용하지 않는 경우가 허다합니다. "부뚜막의 소금도 넣어야 짜다."라는 말이 있습니다. 마음공부의 열매는 현실에서 우리 마음을 잘 '사용'하는 것입니다. 배우고 아는 것을 '실천'하는 것입니다.

어떤 학자가 세상에서 성공하는 사람들의 특징이 무엇인가를 연구했습니다. 국회의원, 대기업 CEO 등을 대상으로 설문조사를 했고 그 사람들의 학력과 지능, 집안 배경 등 여러 성공 요인을 분석하고자 했습니다. 그들에게 설문조사 메일을 보낸 후 그 학자는 하나의 독특한 점을 발견했습니다. 각 분야에서 크게 성공한 사람들일수록 평균적으로 답 메일을 빨리하는 것이었습니다. 이는 전혀 예상하지 못한 것이었습니다.

그분은 성공의 주요 요인으로 하나를 더 추가했다고 합니다. "성공한 사람은 무엇보다, 어차피 해야 할 일이면 미루지 않고 '바로 실행'하는 사람이다."

"바보는 계획만 한다."라는 말이 있습니다. 결국 인생의 성공은 계획에서 이루어지지 않고 '실행'에서 이루어집니다.

마음을 잘 '사용'한다는 것은 계문을 잘 지키기, 약속을 잘 이행하는 것, 고치고자 하는 습관 고치기 등 인생 제반에서의 실행을 다 포함하는 말입니다. 좌선이든지, 경전 공부이든지, 습관을 고치든지, 이 세상에서 무엇 하나 '실행'하지 않고 좋은 결과를 볼 수는 없습니다.

어떤 교무님은 어린 시절부터 부끄러움이 많았습니다. 이것이 교화하는 데 큰 장애가 되었습니다. 그 교무님이 모 교당에서 학생법회를 담당할 때의 일입니다.

일요일 학생 법회 후 한 학생의 생일 파티를 열게 되었는데, Happy Birthday 노래가 끝난 후 어떤 학생이 "교무님! 오늘 아무개 생일날이니 교무님도 춤을 추거나 노래 하나 하세요!"라고 말했습니다. 그 학생은 교무가 많이 수줍어한다는 것을 잘 알고

짓궂게 장난을 한 것입니다.

그러나 그 교무님이 선뜻 일어나 최신 힙합을 노래하며 춤추었습니다. 학생들이 너무 재미있다고 다들 웃었고 아주 흥겨운 시간이 되었다고 합니다.

그때 그 교무님은 너무 당황스러웠고, 학생들 앞에서 노래 불러야 하는 것이 흡사 '소가 도살장에 끌려가는 것'처럼 싫었다고 합니다. 그날 저녁 일기에 그렇게 기재했습니다. 그러나 자기 습관을 고쳐야겠다고 생각하고, 또한 어색한 상황을 슬기롭게 극복해야겠다고 마음먹고 망설임 없이 바로 무대에 나와서 노래 부르고 춤을 춘 것입니다.

그 '실행'의 힘으로 즉 그 순간에 마음을 잘 '사용'한 결과, 그때 무대에서 노래 부르고 춤을 추면서 큰 '해방감'과 '자유로움'을 느꼈다고 합니다.

다음은 그날 저녁에 기재한 그 교무님의 일기입니다.

> 한국에 "소가 도살장으로 끌려간다"라는 속담이 있다. 이 표현은 정말 하기 싫은 일을 해야 하는 상황을 묘사할 때 사용된다. 내가 오늘 많은 사람 앞에서 노래를 부르라는 요청을 받았을 때, 그런 기분이었다. 매우 긴장되었다. 모든 교도님이 나를 바라보며 내가 어떻게 반응할지 기다리고 있었다. 난 긴장했지만 흥겨운 분위기를 깨고 싶지는 않았고, 모두의 즐거움을 위해 나 자신을 희생하기로 결심했다. 난 노래를 부르고 미친 듯이 춤을 추었다. 이것이 내 수행이었다.

흥미로운 것은 내가 노래를 부르고 춤을 추는 동안 엄청난 '해방감'을 느꼈다는 것이다. 오래도록 내가 짊어지고 있던 어떤 짐에서 벗어난 느낌이었다. 나를 부끄럽고 조용하게 만들었던 어떤 무게[나 자신에 대한 고정된 생각]로부터 자유로워진 느낌이었다.

본래 우리 마음에는 부끄러움도 없고 대담함도 없다. 모든 사람이 원래는 내성적이거나 외향적이지도 않다. 20여 년의 내 삶 속의 생활 환경과 성격이 부끄럼을 잘 타게 했고, 난 그 생각에 갇혀 있었다. 내 본래 성품이 부끄러움도 대담함도 없다는 것을 이미 배웠지만, 내가 습관적으로 부끄럼을 타는 내성적인 사람이 된 것은 사실이다.

그러나 내가 노래를 부르고 춤을 추는 순간, 난 내 자아를 내려놓았다. 그 순간, 난 스승 달마 대사 앞에서 자신의 팔을 자른 제2조 혜가와 다르지 않았다.

선가禪家의 말에 "벼랑 끝에 서서 한 걸음 내디딘다."라는 말이 있다. 익숙하지 않은 세계로 내가 한 걸음을 더 내디뎠을 때 난 엄청난 해방감을 느꼈다. 그것은 큰 안도감이었다.

우리가 하기 싫은 일도 일단 시작하면 습관이 되고, 우리 인생에서 자유의 폭이 커집니다. 마음을 잘 사용하는 마음공부, 실행 공부는 우리의 수행뿐 아니라 인생 자체를 성공시킵니다. 선가禪家의 말 "백척간두 진일보", 즉 "백 척이나 되는 낭떠러지에서 한 발을 내딛어라." 많은 일에 있어서 처음에는 실행이 어렵고 두렵지만, 일단 한 발 앞으로 나아가면 우리 인생은 바뀝니다.

어떤 수행자가 필자의 스승님께 "아침에 잠이 많은데 어떻게 하면 수마睡魔를 극복하고 좌선에 성공할 수 있을까요?"라고 물었습니다. 스승님은 "'어떻게' 일어나는 것이 아니라, 그냥 '바로' 일어나는 것이다."라고 답하셨습니다.

현대인은 너무 많은 생각을 하고 삽니다. 이는 수행에 있어서 큰 장애가 됩니다. '어떻게' 잘 일어날까 하는 것은 내가 이미 어떤 생각에 속고 있는 것입니다. 그냥 '바로', '즉시' 일어나버리면 새벽 좌선뿐만 아니라 우리 인생 자체가 성공합니다.

운동회사인 나이키의 모토가 'Just do it!'입니다. 운동뿐 아니라 이 모토는 우리 인생을 성공으로 이끄는 신조가 되지 않는지 생각합니다.

불교에는 많은 수행법이 있습니다. 원불교에는 11개 수행과목이 있습니다. 이는 모두 일원상과 같은 '원만구족하고 지공무사'한 원래 마음을 회복하는 방법입니다.

좌선, 염불은 정신 수양 즉 "일원상과 같이 원만구족하고 지공무사한 각자의 마음을 양성하자는 것"이며, 경전, 강연, 회화, 의두, 성리, 정기 일기는 사리 연구 즉 "일원상과 같이 원만구족하고 지공무사한 각자의 마음을 알자는 것"이며, 정기 일기, 주의, 조행은 작업 취사 즉 "일원상과 같이 원만구족하고 지공무사한 각자의 마음을 사용하자는 것"입니다. 11과목은 삼대력을 얻어 일원상 마음을 회복시키는 과목들입니다.

대산 종사님은 "종교마다 정신 수양, 사리 연구, 작업 취사의 삼학이 다르게 표현되어 있지만, 진리에 이르는 길은 다 같은 삼학수행 길이다."라고 말씀하셨습니다.

세상에는 상대적 행복과 절대적 행복이 있습니다. 환경에 따라 우리 마음이 흔들리는 것은 사실이나, 삼대력을 쌓아서 항상 변하는 환경을 초월해서 마음의 자유를 누릴 수 있게 수행력을 쌓으면, 우리는 절대 행복 자리인 일원상 자리, 우주 본가, 하나님의 자리, 하나님 나라에 거할 수 있습니다.

많은 사람이 좋은 직장, 좋은 배우자, 더 좋은 집, 더 좋은 차 등 외부 환경을 변화시킴으로써 행복을 추구하고 있습니다. 그러나 이를 얻는 방법은 우리 '마음'에 있다는 것을 잘 알아야 합니다. 어떤 사람이 정확한 판단을 한다, 용기 있게 무엇을 잘 실행한다, 부지런하고 신용 있다는 등 인생에서의 성공 요인은 결국 다 우리 마음 안에 있습니다. 마음을 단련하여 바꾸지 않으면 우리 인생이 바뀌지 않습니다.

우울증, 비교심, 질투, 미움, 원망 등 오늘날 사람들의 불행은 특히 마음 상태와 많이 관계됩니다. 같은 환경에서 감사 생활을 하는 사람과 원망 생활을 하는 사람 등 같은 조건과 환경에서 어떻게 마음을 작용하는가에 따라 우리 인생이 천차만별로 나누어집니다. 오늘날에 있어서 마음공부가 더 절실한 이유입니다.

두루 알듯이 과거에 조계종 종정이었던 성철 스님은 신도의 지위 여하를 불문하고 법당에서 3,000배를 한 사람과만 인터뷰했습니다. 어떤 나이 많은 불교 신자가 3,000배를 겨우 마치고 성철 스님을 배알했습니다.

몸이 약한 그 여자 신도는 3,000배를 마치고 몸을 제대로 가눌 힘도 없었고, 시자 스님의 부축을 받으며 성철 스님 방으로 인도되어 들어갔습니다.

기력도 없고 정신도 없어서 무엇을 물어야 할지 생각이 나지 않았습니다. 스님은 "절한다고 수고했다."라고 말씀하시며 당신 방석 밑에서 붓으로 원圓을 그린 종이 한 장을 주며, "선물이다. 이제 가도 된다."라고 말씀했다고 합니다.

3,000배를 마친 그 신도에게 자상한 상담도 하지 않고 그냥 보내는 것이 너무 냉정한 것이 아닌가 하는 생각이 들 수 있습니다. 하지만 필자는 성철 스님은 참으로 중요한 선물, 영생의 선물을 그분에게 주었다고 생각합니다. 원圓, 일원상으로 상징되는 우리 본성을 깨닫고 양성하고 사용하는 것이 바로 모든 고통의 뿌리에서 벗어나는 궁극의 방법이기에, 필자는 스님의 일원상 선물은 마음과 인생의 근본을 깨우치게 하는 참으로 소중한 선물이라고 생각합니다.

한국이건 미국이건, 추석이 되면 많은 사람이 고향에 갑니다. 때로는 차도 밀리고, 힘든 여정입니다. 그러나 많은 이들이 고향에 가고 싶어 하는 이유는 그곳이 바로 '고향'이기 때문입니다. 그런데 우리 영혼의 참고향인 일원상 나라에 가는 것이 가장 중요한 여행이라는 것을 알아야 합니다.

필자는 오래전에 인도네시아 화산을 등반하는 패키지여행에 참여한 적이 있었습니다. 평소 오른쪽 무릎 통증으로 산행이 힘들 때가 있었기에, 인도네시아로 출발하기 전 몇 주 동안 허벅지 근육 강화를 위해 운동을 했습니다.

그러나 막상 산행 첫날 무릎 통증이 재발해 등반을 중단해야 했고, 다른 일행들이 산을 오르는 동안 필자는 산 아래 텐트에 머물러야 했습니다. 이 경험을 통해 허벅지 근육 강화도 몇 주의 운동으로 안 되는 것임을 알았습니다. 불지佛地, 즉 마음의 본 고향으로 가는 여행은 더 많은 준비와 시간이 필요합니다.

인도네시아 화산에 오르지 못한 것은 상관이 없지만, 일원의 고향으로 가는 이 여행은 반드시 해야 합니다. 인생의 고통에서 근원적으로 벗어나 자유를 얻기 위함입니다. 그렇다면 무엇보다도 이 여행은 '미리' 준비해야 합니다.

다행히 우리에게는 대종사님이 제시해 준 법, 즉 최단 거리로 가는 지도가 있으니 행복자입니다. 그 지도 따라 길을 쉬지 않고 꾸순히 따라가기만 하면 언젠가는 일원의 고향에 도달할 수 있습니다.

3

세 가지 마음공부

[삼학三學]

3-1. 맑은 마음 (정신 수양)

인류의 모든 불행은 사람이 방에 가만히 있지 못하는 데서 비롯된다.

— 파스칼Pascal

제가 아는 어떤 교수님 이야기입니다. 그 교수님은 무엇에나 집중을 잘하는 능력을 갖추고 있었고, 그 집중력 덕분에 많은 연구 업적을 남기셨습니다. 또한 일반 대중을 상대로 집중과 몰입에 관한 강의로 많은 사람에게 도움을 주었습니다.

강한 몰입과 집중으로 좋은 연구 업적을 내고 특허도 많이 얻었지만, 교수님은 중년에 접어들자, 당신의 정신이 조금씩 이상해지는 것을 발견했습니다. 무엇에 집중할 당시에는 문제가 없었지만, 생활하는 가운데 어떤 강박 증세 혹은 불안증을 경험하기 시작한 것입니다. 과거에 저명한 수학자나 철학자들이 정신질환에 시달렸던 것처럼 교수님은 자신이 차차 이들을 닮아간다는 염려와 불안에 휴식과 안정을 위해 테니스를 치기 시작했습니다. 과거에는 이것이 시간 낭비라 생각하고 운동을 거의

하지 않았는데, 테니스를 규칙적으로 하고 집에 와서 저녁 식사를 하고 휴식을 잘 취했더니 몸과 마음이 더욱 상쾌해졌고, 집에서도 잠자기 전 몇 시간 더 연구할 수 있었다고 합니다.

운동 후 마음이 상쾌해지고 안정이 되니 집중력이 더욱 높아져, 교수님은 대중 강연에서도 가끔 정신 집중을 위해 운동과 휴식이 주요하다고 말씀하십니다.

그 교수님이 종교적이거나 영적인 사람이라고 말할 수는 없지만, 이 교수님의 경험은 영적 수행과 정신 수양 분야에서 우리에게 큰 교훈을 줍니다.

필자는 그 교수님이 중년 이후 집중과 정신 건강에 문제가 생기기 시작한 것은 무엇보다 너무 쉼 없이 오랜 기간 연구에 몰두한 결과가 아닌가 생각됩니다. 육신을 많이 사용하면 피로하듯이, 정신도 과하게 사용하면 피로를 느끼는 것은 자연스러운 현상입니다.

우리 정신 기운은 잘 쉬지 않으면 쇠약해집니다. 운동이건 음악 감상이건, 무슨 방법을 통해서라도 정신의 휴식을 잘 취하면 우리 마음은 활력을 얻게 됩니다. 또 좋은 휴식이 공부와 일의 효율 그리고 육신 건강에도 크게 도움이 됩니다. 교수님이 정신 수양을 위해 종교적 방법인 명상 혹은 기도를 한 것은 아니지만, 나름대로 정신을 쉬기 위해 운동이라는 자기에게 맞는 수양 방법을 찾았던 것입니다.

현대를 사는 우리는 머리를 잘 쓰지 않으면 치열한 경쟁 세상에서 성공하기 어렵습니다. 현대인들의 다양한 습관과 취미 활동 가운데 공동 습관 하나를 말하자면, 아마 끊임없이 '생각하는 습관'일 것입니다. 많이 생각하고 빠른 판단 없이 우리가 이 세상에서 성공하지 못하기에 끊임없이 생각하는 것이 우리 마음의 습관이 되어버렸고, 현대사회의 홍수처럼 쏟아지는 정보가 우리의 이런 습관을 강화합니다.

명상하기 위해 좌복 위에 앉아 우리 마음을 바라보면 한순간도 마음이 가만히 있지 못하고 어떤 생각과 상념을 쫓아가는 것을 볼 수 있습니다. 이것이 바로 우리 마음과 생활 습관을 보여주는 것입니다. 선진국 사람일수록 또한 지적인 사람일수록 이런 생각하는 습관이 더 두드러지며, 따라서 선진국에서 정신질환 문제가 더 심각합니다.

대산 종사님은 저녁에 방에 혼자 계실 때 전등불을 끄거나 방을 아주 어둡게 하고 계셨습니다. 이는 전기를 아끼기 위함이라기보다 정신 에너지를 아끼기 위함이었습니다. 또한, 저녁에는 위급한 경우가 아니면 손님을 만나지 않으셨습니다.

1970년대 유류 파동 이후 한국에서는 한 집에 한 등 끄기 캠페인 같은 에너지 절약 운동이 있었습니다. 대산 종사님은 전기에너지를 절약하는 것도 중요하지만, 우리 생활에서 정신 에너지를 낭비하지 않고 절약하는 것이 더욱 중요하다고 말씀하셨습니다. 원불교 초창기에 많은 일을 동시에 해야 했던 대종사님도 저녁이 되면 "이제는 내 시간이다." 하시고 방에 혼자 계시며, 수양을 위해 염불을 하셨습니다.

원불교 『정전』에 '정신 수양'은 다음으로 정의되어 있습니다.

"정신이라 함은 마음이 두렷하고 고요하여 분별성과 주착심이 없는 경지를 이름이요, 수양이라 함은 안으로 분별성과 주착심을 없이하며 밖으로 산란하게 하는 경계에 끌리지 아니하여 두렷하고 고요한 정신을 양성함을 이름이니라."

정신 수양의 목적을 대종사님은 다음과 같이 말씀하십니다.

"유정물有情物은 배우지 아니하되 근본적으로 알게 되는 것과 하고자 하는 욕심이 있는데, 최령한 사람은 보고 듣고 배우고 하여 아는 것과 하고자 하는 것이 다른 동물의 몇 배 이상이 되므로 그 아는 것과 하고자 하는 것을 취하자면 예의염치와 공정한 법칙은 생각할 여유도 없이 자기에게 있는 권리와 기능과 무력을 다하여 욕심만 채우려 하다가 결국은 가패 신망도 하며, 번민 망상과 분심 초려로 자포자기의 염세증도 나며, 혹은 신경 쇠약자도 되며, 혹은 실진자도 되며, 혹은 극도에 들어가 자살하는 사람까지도 있게 되나니, 그런고로 천지 만 엽으로 벌여가는 이 욕심을 제거하고 온전한 정신을 얻어 자주력自主力을 양성하기 위하여 수양을 하자는 것이니라."

사자는 배가 부르면 바로 앞에 동물이 있어도 잡지 않고 편안히 앉아 쉽니다. 『정전』에 "최령最靈한 사람은 보고 듣고 배우고 하여 아는 것과 하고자 하는 것이 다른 동물의 몇 배 이상이 되므로 그 아는 것과 하고자 하는 것을 취하자면"의 말씀처럼 최령한 인간들은 먹고사는 문제가 해결되어도 끊임없이 남과 비교하며 욕망을 채우기 위해 무리하게 일을 하며 잘 쉬지를 못합니다. 많이 배우고 세상에서 성공한 사람일수록 이런 경향이 두드러집니다. 대종사님은 "번민 망상과 분심 초려와 신경 쇠약이 되며 극도에 들어가서 자살하는 사람도 생긴다."라고 하셨는데, 이것이 바로 현대인의 모습입니다.

동물에 비해 인간들이 신경병을 많이 앓고 있는 것도 바로 사람이 '최령最靈' 하기에, 즉 사람이 아주 영적인 동물로서 "알고자 하는 것, 하고자 하는 것이 많기 때문"입니다. 차도 오래 달리면 엔진이 과열되기에 휴식이 필요합니다. 우리 정신도 잘 쉬어주는 것이 중요합니다. 이 중요성을 잘 아는 사람들은 크게 많지 않은 것 같습니다.

필자는 오래전 필라델피아 박물관에서 개최한 반 고흐Van Gogh 특별 전시회에 간 적이 있습니다. 고흐는 늦게 그림 공부를 시작해서 37세에 스스로 목숨을 끊은 길지 않은 일생을 살았지만, 수많은 작품을 남겼습니다. 네덜란드에는 고흐 박물관이 따로 있고, 전 세계 박물관에도 고흐 작품들이 많이 있습니다. 고흐가 그림을 그린 생애와 작품 수를 필자가 대충 계산해 보니 고흐는 먹고 자는 시간을 제외하고 실제 그림만 그렸습니다. 그림만 그린 것이 그의 인생이었습니다. 고흐가 남긴 태반의 작품은 마지막 2년 동안 그린 작품입니다. 쉬지 않고 그림만 그린 그의 생활에서 그의 정신이 온전히 보전될 수 없었을 것입니다. 그의 그림을 보면 정신의 불안이 쉽게 보입니다.

탁월한 수학자, 철학자들의 머리는 비싸고 성능 좋은 스포츠카와 같습니다. 스포츠카는 탁월한 엔진 성능으로 짧은 시간에 최고의 속도를 낼 수 있습니다. 스포츠카에 브레이크가 없다고 생각해 봅시다. 그 차는 반드시 사고를 냅니다. 고흐의 예와 같이 수양 없는 사람들에게 불안증, 강박증 등이 있는 것은 당연하며, 근본 원인은 정신적으로 잘 쉬지 못하는 생활 습관에 기인합니다. 쉼 없는 인생은 브레이크 없는 차를 모는 것과 같습니다. 인생에서 일어나는 우리 정신의 차 사고를 『정전』에는 다음과 같이 밝히고 있습니다.

> "결국은 가패 신망도 하며, 번민 망상과 분심 초려로 자포자기의 염세증도 나며, 혹은 신경 쇠약자도 되며, 혹은 실진자도 되며, 혹은 극도에 들어가 자살하는 사람까지도 있게…."

우리는 수양의 중요성을 머리로는 알지만, 실제 잘 쉬지 못하고 염려와 걱정 속에 사는 원인은 근원적으로 '알고자 하는 혹은 무엇을 이루고자 하는 욕심'에서 기인합니다. 따라서 정신수양을 위해 기도, 염불, 명상 등을 하는 것도 중요하지만, 그 이전에 우리 인생에 바른 가치관을 세워서 우리 마음에서 헛된 '욕심'을 제거하는 것부터 출발해야 합니다.

몇십 년 전, 어느 도시 시장 선거에서 한 정치인이 낙선해서 극심한 우울증을 겪고 현실 생활이 불가능하게 되었다는 보도를 들었습니다. 그는 시장 선거에서는 비록 낙선했지만, 과거 여러 번 국회의원을 지냈고 경제적으로나 가정적으로 아주 안정된 분이며, 과거 베스트셀러 책도 낸 정치인입니다. 모든 것을 갖춘 분이 정신의 고통을 받은 것 역시 환경 탓, 즉 당시의 낙선이라기보다는 개인적 욕심에서 기인한 것입니다. '천만 가지 욕심'이라는 말이 정확한 표현입니다.

정신 수양의 목적은 "그런고로 천지 만 엽으로 벌여가는 이 욕심을 제거하고 온전한 정신을 얻어 자주력自主力을 양성하기 위하여 수양하자는 것이니라."라고 설명되어 있습니다.

'천지 만 엽으로 벌여가는 욕심'이라고 하셨는데, 사람들의 욕심이 '천 가지 만 가지 잎', '천 가지 만 가지 가지'처럼 많다는 표현입니다. 이 많은 욕심이 근절되지 않는 한 우리 생활에서 정신의 안정과 수양은 힘들어지고, 우리가 설사 세상에서 성공했다고 하더라도, 만족하고 안락한 인생을 살지는 못합니다. 예수님도 "온 천하를 얻고도 네 영혼을 잃으면 무슨 소용이 있으리오."라고 말씀하셨습니다.

현대 사회에서 끊임없이 남과 비교하며 경쟁 생활을 해야 하는 사람들에게 단지 잘 쉬고 수양하라는 말은 공허한 말이 될 수 있습니다. 잘 쉬고 부처님처럼 넉넉한 생활을 하기 위해 어떻게 수양을 할 수 있을까 하는 한 제자의 질문에 대종사님은 다음과 같은 답을 하십니다.

> 한 제자가 "무슨 방법으로 수양하여야 오욕을 다 없애고 수도에 전일하여 부처님과 같이 한가롭고 넉넉한 생활을 하오리

> 까?" 대종사 말씀하시기를 "욕심은 없앨 것이 아니라 도리어 키울 것이니, 작은 욕심을 큰 서원으로 돌려 키워서 마음이 거기에 전일하면 작은 욕심들은 자연 잠잘 것이요. 그러하면 저절로 한가롭고 넉넉한 생활을 하게 되리라."(수행품 36장)

> 대종사 말씀하시기를 "나는 그대들에게 희로애락의 감정을 억지로 없애라고 가르치는 것이 아니라, 희로애락을 곳과 때에 마땅하게 써서 자유로운 마음 기틀이 걸림 없이 운용하되 중도에만 어그러지지 않게 하라고 하며, 가벼운 재주와 작은 욕심을 미워할 것이 아니라 그 재주와 발심의 크지 못함을 걱정하라 하노니, 그러므로 나의 가르치는 법은 오직 작은 것을 크게 할 뿐이며, 배우는 사람도 작은 데에 들이던 그 공력을 다시 큰 데로 돌리라는 것이니, 이것이 곧 큰 것을 성취하는 대법이니라."(수행품 37장)

예수님은 "진리를 알지니, 진리가 너희를 자유케 하리라."라고 말씀하셨습니다. 명상과 수양이 우리를 자유롭게 하는 것이 아니라 '진리'가 우리를 자유롭게 한다는 말입니다. 우리가 수양을 위해 기도하고 명상하는 것도 중요하지만, 근원적으로는 경전 공부 등을 통해 진리를 잘 배워서 바른 가치관, 인생철학을 가져 진리적 목표를 인생에서 세우고 사는 것이 정신 수양에서 아주 중요합니다.

남과 비교하며 세상 것을 추구하는 이상, 설사 명상과 기도를 많이 한다 하더라도 우리가 만족하고 넉넉한 인생을 사는 데는 한계가 있습니다. 가스불 위에 있는 냄비에 물이 끓고 있다고 상상해 봅시다. 기도하고 명상을 하는 것은 우리 마음에 타는 불을 끄기 위해 냄비에 찬물을 붓는 것과 같습니다. 효과가 있는 것은 사실이지만 근본적으로 밑의 가스불을 끄지 않고는 끓는 물, 즉 우리 마음에 타는 불을 끌 수 없습니다.

건전한 가치관, 인생관을 확보하기 위해 건전한 가치관을 가진 사람과 끊임없이 교류하며 살아야 합니다. 우리가 아무리 어떤 진리적인 결심을 하고 마음을 강하게 먹어도, 수행이 원숙하지 않은 이상, 우리는 주변 환경과 옆 사람들의 가치관과 시선에 영향을 많이 받습니다. 건전한 가치관을 확립하고 수행을 잘하기 위해서 훌륭한 도반과 스승을 만나 늘 교류하는 것이 매우 중요합니다.

정신 수양의 목적은 "온전한 정신을 얻어 자주력自主力을 양성"하는 것이라고 대종사님은 말씀하셨습니다.

양성養性은 '양기진성養其眞性'의 준말로써 '참 성품을 가꾸고 기른다.'라는 뜻입니다. 우리가 욕심을 제거하고 새로운 가치관을 가지려 마음먹는다고 해서 마음먹은 대로 '바로' 되는 것은 아닙니다. 농부가 밭의 작물을 봄부터 가꾸듯, 우리도 시간과 노력을 들여서 우리 정신과 마음의 밭을 잘 가꾸어야 합니다. 싱싱하게 잘 가꾼 채소는 병충해를 쉽게 이긴다고 합니다. 강해진 정신은 모든 염려와 근심, 그리고 스트레스를 이기게 합니다.

어떤 사람을 용서하고 미워하지 않겠다고 결심한다고 해서 우리 마음이 바로 그렇게 되는 것이 아닙니다. 다른 사람과 비교 안 하고 마음 편안히 살겠다고 생각해도 우리 마음이 바로 그렇게 작용하는 것이 아닙니다. 우리가 정신 수양으로 마음의 '힘'을 길러야 우리 마음을 마음대로 사용할 수 있습니다. 밭의 채소를 싱싱하게 잘 키우려면 밭에 물과 거름을 적절히 줘야 하듯이 우리 마음 밭에도 물과 거름, 즉 수양으로 끊임없이 힘과 활력을 공급해야 합니다.

육신은 쓰면 쓸수록 강해지고, 정신은 쉬면 쉴수록 힘이 강해집니다. 정신을 멈추어서 잘 쉬게 하고 그 힘을 양성하는 방법이 바로 기도, 좌선, 명상입니다. 이 방법은 마음에 힘을 불어넣는 좋은 방법이며, 대종사님도 "예로부터 큰 도에 뜻을 둔 사람으로서 선禪을 닦지 아니한 일이 없나니라."라고 하시며 명상의 중요성을 강조하셨습니다.

조선 시대의 서화담 선생이 어느 날 불교 선방에 가보니 좌선하는 스님이 거의 없는 것을 보고 "앞으로 백 년 후에 한국에서 명재상, 명장군이 나오지 않겠구나!" 하며 한탄했다는 이야기가 있습니다. 염불과 좌선 등의 명상은 우리 마음의 힘을 길러 주게 할 뿐만 아니라 우리를 아주 지혜롭게 합니다.

'정기적'으로 염불, 좌선, 기도하는 시간을 가지는 것이 아주 중요합니다. 이를 습관화해야 합니다. 좌선, 염불, 기도 등이 힘들면 혼자 조용히 공원 등을 산책하며 다양한 방법으로 묵상의 시간을 자주 가져야 합니다. 현대인에게 있어서 무엇보다 많이 보고 많이 듣고 생각하는 습관을 버려야 합니다. 대산 종사님은 "발로도 하는 수양, 눈과 코로 하는 수양도 알아야 한다."라고 말씀하셨습니다. 또한 수양을 '반달' 혹은 '반개'로 비유하셨습니다. 보름달보다 반달이 좋고, 활짝 핀 꽃보다 반쯤 핀 꽃이 더 좋다는 말은 중도中道 생활, 함축하는 생활을 말합니다. 우리가 평상시에 보고 듣는 것을 가능한 한 자제하며 육근문六根門을, 즉 우리의 몸과 마음을 잘 조절하라는 법문입니다.

한번은 서울 영동교당 교도들에게 대산 종사님은 "여러분이 집을 나갈 때 중요한 물건을 안 잃어버리게 캐비닛에 자물쇠를 채우고 집안 대문도 채우지. 우리 소중한 정신을 잘 지키기 위해 우리 마음이 창문을 잘 닫고 육근문을 존절히 해서, 즉 보고 듣고 생각하는 것을 자제해서 정신의 보물을 잘 지키라."라고 말씀하셨습니다.

'정신 수양의 결과'를 대종사님은 다음과 같이 말씀하십니다.

> "우리가 정신 수양 공부를 오래오래 계속하면 정신이 철석같이 견고하여, 천만 경계를 응용할 때에 마음에 자주自主의 힘이 생겨 결국 수양력修養力을 얻을 것이니라."

'자주의 힘'이란 내가 내 인생의 '주인'이 된다는 말입니다.

필자 친구가 몇 년 전에 자기 부인에게 쏘나타 차를 사 주었습니다. 2년 뒤 그녀는 자기와 친하게 지내는 친구가 외제 차를 산 것을 보고 남편에게 차를 바꿔 달라고 졸랐습니다. 차를 산 지 얼마 되지도 않았기에 필자 친구는 아내 제의를 거절했습니다. 그 후로 아내는 모든 것에 불만이 생기기 시작했고 소소한 것에 트집을 잡기 시작했다는 말을 제게 했습니다.

이는 이 친구 부인이 나쁜 사람이라기보다, 끊임없이 남과 비교하며 물질, 돈, 남의 이목 등 수많은 외적인 것에 끌려 사는 우리 의식의 노예 생활을 말하는 것입니다.

자기 외모에 자신이 없어 수없이 성형수술을 하는 사람은 외모의 노예이며, 술과 도박 등에 중독된 사람들은 술과 도박의 노예입니다. 특별한 인생의 목적 없이 돈만 많이 벌겠다고 자기 인생 전부를 바치는 사람은 돈의 노예입니다. 우리는 법적, 정치적으로 자유로운 국가에 살고 있지만, 보이지 않는 감옥 속에서 사는 노예입니다. 노예의 손과 발이 사슬에 묶여 있듯이 우리는 보이지 않는 여러 가지 욕망과 착심의 사슬에 묶여 있습니다.

노예도 힘이 세지면 손과 발에 묶인 밧줄을 끊어버릴 수 있습니다. 대종사님은 정신 수양을 하게 되면 "마음에 자주自主의 힘이 생겨 결국 수양력을 얻는다."라고 말씀하셨습니다.

우리 정신을 쉬게 하고 수양을 잘해서 마음의 힘이 강해지면, 그 '힘'으로 여러 가지 욕심의 사슬을 끊어버리고 자유로운 생활을 할 수 있으며, 그 자주의 힘으로 우리는 인생의 주권을 다시 찾을 수 있습니다.

대종사님은 "정신 수양 공부를 오래오래 계속"하라고 말씀하셨습니다.

> "우리가 정신 수양 공부를 오래오래 계속하면 정신이 철석같이 견고하여…."

염불에 관해 대종사님은 다음과 같이 말씀하셨습니다.

> "사심 없는 염불 한 번에 좁쌀만큼씩 영단靈丹이 커진다. 한 동네 한 면 한 나라 전 세계를 다 비출 수 있는 영단을 길러라. 성현의 영단은 동서 고금과 삼세를 다 비추는 영단이다."(대종경 선외록 원시반본장 23절)

대산 종사님은 "천수만수千修萬修 억만수億萬修"라고 하셨습니다. 즉, 천번 만번 억만번 닦고 닦으라는 법문입니다. '오래오래 계속' 공을 들이라는 말씀입니다.

개를 전문적으로 훈련하는 사람에게 개를 처음으로 입양한 사람이 물었습니다. "선생님이 시키는 대로 강아지를 훈련해 보았는데 강아지가 전혀 말을 듣지 않네요." 트레이너가 "얼마나 훈련하셨어요?"라고 물으니 "삼 주일간 훈련시켰습니다."라고 말했습니다. 트레이너는 "삼 주일간 훈련시켰다는 말은 이제 시작했다는 말입니다. 계속하시면 됩니다."라고 말했습니다.

한술 밥에 배가 부르지 않지만 계속 먹으면 배가 부르듯이 끊임없이 좌선, 명상, 기도, 염불 등에 공을 들이면 우리 인생과 마음은 반드시 변하고 좋은 결과를 얻을 수 있습니다. 이는 부처님, 대종사님이 보장하신 것입니다. 정신 수양과 마음공부에 특별한 요결이 있는 것이 아닙니다. 꾸준함이 성공의 지름길이며 대도大道입니다. "성자들은 부지런 딴딴한 분이다. 성자의 문패는 정성精誠이다." 대산 종사님 말씀입니다.

대종사님은 정신 수양의 결과로 "정신이 철석같이 견고하여, 천만 경계를 응용할 때에 마음에 자주自主의 힘이 생겨 결국 수양력을 얻을 것이니라."라고 말씀하셨습니다.

수양의 힘이 약하면 외부 경계가 올 때 작고 약한 나무처럼 바람에 금방 꺾여 버립니다. 수양으로써 마음의 힘이 강해지면 심한 경계와 어려움, 즉 태풍이 와도 우리 마음은 흔들리지 않습니다.

수양으로써 우리 마음이 차차 강해지고 성장하는 것을 대산 종사님은 얼음 강도에 비유하셨습니다.

> "내가 다시 한번 말할 테니까 생각해 보자. 살얼음 같은 수양력인가? 강 얼음 같은 수양력인가? 강 얼음은 석 달은 가지, 한강은 석 달이면 풀린다. 단단은 하나 그래도 여름이 되면 녹아버린다. 셋째는 철석같은 수양력인가? 쇠와 돌 같은 수양력도 천년만년이 되면 용해되고 분해되어서 없어진다. 부처님께서 얻으신 대정력, 수양력이란 것은 억만년을 가더라도 그 수양력

은 없어지지 않는단 말이다. 한 번 물어봐라. 지금 너의 수양이 어느 정도인가? 우리 교학과 학생들 하루에 몇 번을 멈추는가? '열 번입니다.' 교도에게 물어봐라. '40번입니다.' 계속해서 천만 경계를 당할 때마다 멈추고 또 멈추면 그것이 쌓이고 쌓여 정력이 된다. 또 금년도 신년 법문에 고질적인 몹쓸 습관 하나씩을 떼자 했지! 실행하는 분 있으면 실행하려고 애쓰는 분 있는가? 물어봐라."

대산 종사님은 수도하지 않고 큰 힘을 얻을 수 없고, 큰 힘을 얻지 않고 세상에서 큰 일을 할 수가 없다고 하셨습니다.

대산 종사님은 "우리가 매일 살아가는 가운데 육신의 밥은 한 끼만 먹지 않아도 나는 굶었다고 하며 어디 가서 먹어야겠다 하는데, 정신의 밥은 일생을 안 먹고도 먹을 줄 모르니 이것이 큰일이다. 그러므로 정신의 밥을 먹어야 한다. 하루 일곱 번씩이라도 염불하고, 단 30분이라도 좌선하며 심고, 기도, 주송 등 철저히 공부해야겠다."라고 말씀하셨습니다.

지구가 태양 주변을 돌지 태양이 지구 주변을 돌지 않습니다. 태양의 질량이 지구 질량보다 훨씬 크기 때문입니다. 따라서 질량이 큰 태양이 태양계의 주인이 되는 것입니다.

내가 마음에 힘을 얻으면 인생과 세상의 주인이 되어 주변 환경과 사람들이 나를 중심으로 돌아가게 됩니다. 세상이 성자를 중심으로 돌아가는 것과 같은 이치입니다. 대산 종사님의 법문입니다. "부처님의 인력引力이 지구의 인력보다 크고 무섭다.

삼천 년 전부터 지금까지 또 앞으로도 만중생의 마음을 그 인력으로 끌어당기고 있다. 이것은 부처님이 정신 자원을 계발하였기 때문이다. 사람의 정신은 무한정한 것이다. 계발하면 한량없는 힘이 생긴다."

3-2. 밝은 마음 (사리 연구)

의심은 지혜의 시작이다.

— 데카르트Descartes

중세 시대에는 여성들이 출산하면 많은 산모와 어린이가 목숨을 잃었습니다. 그러나 산모와 어린이의 생명을 구하는 획기적인 사건이 있었습니다. 그것은 다름 아닌 출산을 돕는 산파가 손을 깨끗이 씻고 분만을 도운 것입니다. 당시에는 세균, 병균 등에 관한 지식이 없었기에 이 간단한 방법이 수많은 생명을 살리는 계기가 되었습니다.

지식이라는 것은 참으로 놀라운 것입니다. 페니실린의 발견, 이 하나의 의학 지식 추가로 수많은 인류의 목숨을 구했습니다. 우리가 사용하는 자동차, 비행기, 전기, 인터넷 등은 모두 인간 지식의 산물이며, 이들 없이는 세상이 불편함을 넘어 우리 문명이 정상적으로 작동될 수 없게 될 것입니다. "아는 것이 힘이다."라는 말은 참으로 진리적 말씀입니다.

지식과 과학기술의 진보가 우리에게 찬란한 물질문명을 가져다주었고, 오늘날 많은 사람은 실지 과거의 왕과 귀족보다 더 편안한 삶을 누리고 있습니다. 그러나 사람들이 느끼는 행복지수는 크게 상승하지 못한 것도 사실입니다. 현대인들이 겪고 있는 상대적 박탈감, 우울증, 좌절, 스트레스 등이 이를 말해주며, 이는 주로 정신적인 마음의 문제입니다.

금전 문제, 인간관계에서의 문제 등 우리가 당면하는 현실의 외적 문제에서부터 욕망, 성냄, 두려움, 염려, 좌절 등 우리 내면의 문제에 이르기까지 우리들을 괴롭히는 문제의 근본 원인을 잘 살펴보면 사람들의 무지에서 근본하여 기인합니다. 인간의 고苦와 육도 윤회의 원리를 설명하는 십이인연법에서도 육도 윤회와 인간 고통의 뿌리가 바로 무명無明이라고 부처님은 말씀하고 있습니다.

대종사님은 지식을 두 가지로 나누셨습니다. 하나는 인간 세상에 관한 지식으로, 이는 자연과학, 사회과학 및 기술에 관한 지식입니다. 다른 하나는 우주 자연의 이법理法에 관한 것으로, 이는 진리의 실상에 관한 지식입니다. 전자를 사事라고 하고 후자를 이理라고 명명하셨습니다.

『정전』 '사리 연구' 장에 '사事'와 '이理'를 다음과 같이 정의하셨습니다.

"사事라 함은 인간의 시·비·이·해是非利害를 이름이요, 이理라 함은 곧 천조天造의 대소 유무大小有無를 이름이니, 대大라 함은 우주 만유의 본체를 이름이요, 소小라 함은 만상이 형형 색색으로 구별되어 있음을 이름이요, 유무라 함은 천지의 춘·하·추·동 사시 순환과 풍·운·우·로·상·설風雲雨露霜雪과 만물의 생·로·병·사와 흥·망·성·쇠의 변태를 이름이며, 연구라 함은 사리를 연마하고 궁구함을 이름이니라."

인간 세상의 일인 '사事'를 대종사님은 시·비·이·해是非利害, 즉 옳고 그르거나 이익이 되거나 해가 되는 것으로 구분하셨습니다. 우리가 경제 활동을 하거나 사람을 사귈 때 혹은 교육을 받거나 자식들을 교육할 때 우리 일상의 판단과 행동을 잘 살펴보면, 내가 옳고 그르거나, 이익이 되거나 해가 되거나 하는 '시비이해'가 기준이 되는 경우가 많습니다.

우주의 이법理法을 대종사님은 대소 유무大小有無로 구분하셨습니다.

대大란 우주만유의 본체로서 법신불의 진리 자체를 말하며, 소小란 만물이 형형색색으로 나누어진 현상 세계를 말합니다. 소우주小宇宙인 사람을 기준으로 보면, 대大란 우리 마음자리이며, 소小란 육근六根으로 구분된 육신입니다.

유무有無란 있다가 없어지고, 없다가 다시 생기는 변화의 진리를 말합니다. 우주에 있는 어떤 것도, 우리 마음에서 일어나는 여러 감정, 생각 등 어떤 것도 그대로 머물러 있는 것은 없습니다.

사리를 연구하는 목적은 사람이 삶을 살아갈 때 고를 피하고 자유로움을 얻기 위함이라고 대종사님이 말씀하십니다.

2. 사리 연구의 목적

"이 세상은 대소 유무의 이치로써 건설되고 시비 이해의 일로써 운전해 가나니, 세상이 넓은 만큼 이치의 종류도 수가 없고, 인간이 많은 만큼 일의 종류도 한이 없나니라. 그러나, 우리에게 우연히 돌아오는 고락이나 우리가 지어서 받는 고락은 각자의 육근六根을 운용하여 일을 짓는 결과이니, 우리가 일의 시비 이해를 모르고 자행자지한다면 찰나 찰나로 육근을 동작하는 바가 모두 죄고로 화하여 전정 고해가 한이 없을 것이요, 이치의 대소 유무를 모르고 산다면 우연히 돌아오는 고락의 원인을 모를 것이며, 생각이 단촉하고 마음이 편협하여 생로병사와 인과보응의 이치를 모를 것이며, 사실과 허위를 분간하지 못하여 항상 허망하고 요행한 데 떨어져, 결국은 패가망신의 지경에 이르게 될지니, 우리는 천조의 난측한 이치와 인간의 다단한 일을 미리 연구하였다가 실생활에 다달아 밝게 분석하고 빠르게 판단하여 알자는 것이니라."

대종사님은 "우리에게 우연히 돌아오는 고락이나 우리가 지어서 받는 고락은 각자의 육근六根을 운용하여 일을 짓는 결과"라고 말씀하십니다.

1980년대, 한국에는 G라는 특수절도 전과자가 있었습니다. 그는 1988년 10월, 복역 중 탈옥하여 서울의 한 가정집에 침입해 가족들을 인질로 삼고 경찰과 63시간 동안 대치하다가 결국 스스로 목숨을 끊었습니다. 인질극 도중 그는 이런 말을 했습니다. "나도 부잣집에 태어났다면 도둑질을 하지 않았을 것이다."

앤드루 카네기는 1835년 스코틀랜드의 극심히 가난한 가정에서 태어났습니다. 카네기가 열두 살이 되던 해에 더 나은 삶을 찾아 가족들이 미국으로 이민을 왔고, 미국에서도 경제적 고난은 계속되었습니다. 어린 나이부터 카네기는 생계를 위해 일해야 했는데, 처음에는 방직공장에서 실꾸리 소년으로 일했고, 이후에는 공장에서 보일러에 불을 지피는 고된 일을 했습니다.

그러나 이와 같은 힘겨운 노동과 가난의 경험이 오히려 그에게는 지치지 않는 근면성과 어떤 환경 속에서도 굴복하지 않는 강한 의지를 심어주었습니다. 그는 결국 역사상 가장 부유한 인물 중 한 사람이 됩니다. 그는 평생에 걸쳐 모은 막대한 재산을 교육, 도서관, 평화운동 등 다양한 분야에 기부했고, 위대한 자선가로서 삶을 마감했습니다.

환경이 중요하지 않은 것은 아니지만, G라는 전과자와 카네기의 삶을 보면 둘 다 어려운 환경에서 태어나고 자랐지만, 결국 "우리에게 우연히 돌아오는 고락이나 우리가 지어서 받는 고락은 각자의 육근六根을 운용하여 일을 짓는 결과이니"라는 『정전』의 말씀처럼, 인생에서의 고락과 운명은 자기 스스로가 짓는 것입니다.

"소가 물을 마시면 그 물이 우유가 되고, 독사가 물을 마시면 물이 독이 된다."라는 말이 있습니다. 우리가 어떤 환경에 처해 있을지라도 우리의 운명과 고락은 결국 나의 선택, 나의 육근을 통해 짓는 내 행동의 결과입니다.

우리의 판단과 취사, 행동이 우리 운명을 결정하는데, 잘못된 판단과 행동의 원인을 대종사님은 첫째, "일의 시·비·이·해를 모르기 때문"이라고 하셨습니다.

한국에서 부모님들이 자식을 키울 때, 무조건 공부만 잘하라고 요구하는 경우가 많이 있습니다. 따라서 자식들이 성장하면서 자력을 잃고, 조금만 어려운 환경에도 쉽게 좌절하거나, 이기적인 사람이 되어 주변에서 환영받지 못하게 되는 경우가 허다합니다. 또한 결국 세상에서도 성공하지 못하게 됩니다. 실제로 중학교와 고등학교 때 공부만 해서 서울의 모 대학에 들어간 한 학생이 어머니 열반 후 아버지께 이런 말을 했다고 합니다. 어머니 장례식 며칠 전이었습니다. "아버지! 다음 주에 우리 과에서 MT 가는데, 어머니 장례식에 안 가고 MT 가도 돼요?" 이러한 미성숙한 태도는 결국, 부모가 "일의 시·비·이·해를 몰랐고" 자식을 잘못 양육한 결과입니다.

많은 부모가 자식 앞에서 부부싸움을 하는 경우가 적지 않습니다. 이러한 행동이 어린아이들에게 얼마나 큰 트라우마를 주는가를 부모들이 잘 알지 못합니다. 한 연구에 따르면, 초등학교 입학 전의 어린이가 부모의 격한 싸움을 목격할 때 느끼는 두려움은 사형수가 사형대 앞에 서 있는 공포와 같다고 합니다. 그 충격이 평생 지워지지 않는다고 합니다.

사람들이 시비 이해를 모르고 하는 행동으로 인해 고통을 초래하고 받는 경우는 참으로 많습니다. 선진국의 과소비로 인한 환경파괴와 지구 온난화 현상 역시 결국 사람들의 시비 이해에 대한 무지에서 비롯된 것입니다.

개인적으로나 집단적으로나 무지의 결과는 고통입니다. 『정전』의 말씀처럼 "우리가 일의 시·비·이·해를 모르고 자행자지한다면 찰나 찰나로 육근을 동작하는 바가 모두 죄고로 화하여 전정 고해가 한이 없을 것"입니다.

사람들이 잘못된 판단과 취사, 행동을 하는 둘째 이유를 대종사님은 "이치의 대소 유무를 모르기 때문"이라고 하셨습니다.

> "이치의 대소 유무를 모르고 산다면 우연히 돌아오는 고락의 원인을 모를 것이며, 생각이 단촉하고 마음이 편협하여 생·로·병·사와 인과보응의 이치를 모를 것이며, 사실과 허위를 분간하지 못하여 항상 허망하고 요행한 데 떨어져, 결국은 패가망신의 지경에 이르게 될지니…."

대소 유무의 이치, 즉 영생과 인과 진리를 모르면 "우연히 돌아오는 고락의 원인을 모를 것이며, 생각이 단촉하고 마음이 편협"하게 됩니다.

> 대종사 봉래정사에 계시더니 마침 포수가 산돼지를 그 근처에서 잡는데 그 비명소리 처량한지라, 인하여 말씀하시기를 "한 물건이 이로움을 보매 한 물건이 해로움을 당하는도다." 하시고, 또 말씀하시기를 "산돼지의 죽음을 보니 전날에 산돼지가

> 지은 바를 가히 알겠고, 오늘 포수가 산돼지 잡음을 보니 뒷날 포수가 당할 일을 또한 가히 알겠도다."(인과품 12장)

> 한 제자 여쭙기를 "벼락을 맞아 죽는 것은 어떠한 죄업으로 인함이오니까." 대종사 말씀하시기를 "부지불식간에 벼락을 맞아 죽는 것은 그 죄업도 또한 부지불식간에 중인에게 벼락을 준 연고이니, 예를 들면 자기의 권력이나 무력 등을 남용하여 많은 대중을 살생하였다든지, 또는 악한 법을 강행하여 여러 사람에게 많은 해를 입혔다든지 하는 등의 죄업으로 인한 수가 많나니라."(인과품 14장)

부처님의 고향이 어느 날 전쟁으로 멸망하게 되었습니다. 한 제자가 부처님에게, 이는 어떤 과보의 결과냐고 물었습니다. 부처님은 "과거에 이들이 물을 오염시켜 다른 부족을 멸하게 한 업의 결과가 지금, 이 모습으로 돌아왔다."라고 말씀하셨다고 합니다.

콩을 심으면 콩이 나고, 팥을 심으면 팥이 나는 것과 같이, 인과의 진리는 호리도 틀림없는 사실입니다.

> 대종사 말씀하시기를 "모든 사람에게 천만 가지 경전을 다 가르쳐 주고 천만 가지 선善을 다 장려하는 것이 급한 일이 아니라, 먼저 생멸 없는 진리와 인과보응의 진리를 믿고 깨닫게 하여 주는 것이 가장 급한 일이니라."(인과품 16장)

그리고 대종사님은 역경이 있으면 이를 "자기 과거의 업을 갚는 좋은 기회로 삼아라."라고 말씀하셨습니다.

> "과거 부처님 말씀에 생멸 거래가 없는 큰 도를 얻어 수행하면 다생의 업보가 멸도 된다고 하셨나니, 그 업보를 멸도시키는 방법은 이러하나니라. 누가 나에게 고통과 손해를 끼쳐 주는 일이 있거든 그 사람을 속 깊이 원망하거나 미워하지 말고, 과거의 빚을 갚은 것으로 알아 안심하며 또한 그에 대항하지 말라. 이 편에서 갚을 차례에 져 버리면 그 업보는 쉬어 버리나니라. 또는 생사 거래와 고락이 구공한 자리를 알아서 마음이 그 자리에 그치게 하라. 거기에는 생사도 없고 업보도 없나니, 이 지경에 이르면 생사 업보가 완전히 멸도 되었다 하리라."(천도품 28장)

대소 유무의 진리를 모르면 또한 "생각이 단축하고 마음이 편협하게" 된다고 대종사님은 말씀하십니다.

다음은 조용기 목사님이 경험한 일화입니다. 한번은 목사님이 기차를 타고 지방으로 가게 되었는데, 맞은편 좌석에 60대 신사 한 분이 있어서 그분과 이런저런 이야기를 나누게 되었다고 합니다.

얼마 뒤 조 목사님은 자신을 목사라고 소개하고 영생을 위해 하나님과 복음의 진리를 믿으라고 권했습니다. 신앙생활을 하면 영생뿐만 아니라, 현생에서도 자유로움과 복락을 누릴 수 있다고 말씀을 전했다고 합니다.

그러나 그분은 자기가 아직 건강하고 자식들도 다 잘 자라고 성공해서 특별히 부족한 것이 없고 신앙생활도 할 필요가 없다고 대답했습니다.

맞은 편 신사는 화장실을 다녀온다고 자리를 떠났는데, 한참을 지나도 그분이 돌아오지 않았다고 합니다. 차장이 얼마 후 사고가 났다며 복도에 왔다 갔다 했습니다. 나중 이야기를 들으니 그 신사가 기차 출입구에서 담배를 피우다 우연히 떨어져서 바로 생명을 잃었다고 합니다.

우리는 언제 이 세상을 떠날지 모릅니다. 앞으로 어떤 일이 일어날지, 한 치 앞도 알 수 없습니다. 영생의 진리를 모르고 사는 인생은 벼랑 끝에 서 있는 것 같이 위험합니다. 영생의 진리를 모르면 참으로 '생각이 단축하고 마음이 편협하게' 되는 것입니다.

다음은 예수님의 어리석은 부자의 비유입니다.

> "어떤 부자가 그 밭에 소출이 풍족하매 심중에 생각하여 가로되 '내가 곡식 쌓아 둘 곳이 없으니 어찌할꼬' 하고 또 가로되 '내가 이렇게 하리라. 내 곡간을 헐고 더 크게 짓고 내 모든 곡식과 물건을 거기 쌓아 두리라.' 또 내가 내 영혼에 이르되 '영혼아 여러 해 쓸 물건을 많이 쌓아 두었으니 평안히 먹고 마시고 즐거워하라 하리라' 하되 하나님이 이르시되 '어리석은 자여 오늘 밤에 네 영혼을 도로 찾으리니 그러면 네 예비한 것이 뉘 것이 되겠느냐' 하셨으니 자기를 위하여 재물을 쌓아 두고 하나님께 대하여 부요치 못한 자가 이러하니라."(누가12:16-21)

다음은 정산 종사님 말씀입니다.

"이 세상 사람들은 대개 나타나 보이는 것은 믿으나 나타나지 않는 것은 믿지 아니하며, 외부의 영화에는 정신이 몰두하나 내면의 진실은 찾아보지 아니하며, 당장의 이해에는 추호를 살피나 장래의 죄복은 생각하지 못하므로, 그 행동이 매양 형식과 거짓을 꾸며서 근원 있는 실력을 기르지 못하고 그날그날의 허영과 이욕에 날뛰다가 필경은 죄업의 구렁에 떨어지나니 어찌 애석하지 아니하리오. 화려한 제 뿔만을 사랑하고 잘못 생긴 제 다리는 미워하던 사슴이 포수에 쫓기어 숲속을 헤쳐 나올 때 저를 살려 준 것은 잘못 생겼으되 잘 뛰어준 다리였고 저를 죽일 뻔하게 한 것은 화려하되 숲에 거리끼기만 하던 뿔이었다는 이야기는 한낱 우화에 불과하나, 돌이켜 생각하면 이 세상을 여실히 풍자한 경어라 할 것이니라."(근실편 1장)

"하루살이는 하루만 보고 버마재비는 한 달만 보므로 하루살이는 한 달을 모르고 버마재비는 일 년을 모르며, 범부는 일생만 보므로 영생을 모르나, 불보살들은 능히 영생을 보시므로 가장 긴 계획을 세우시고 가장 근본이 되는 일에 힘쓰시느니라."(무본편 44장)

또한 대종사님은 대소 유무의 진리를 모르면, "사실과 허위를 분간하지 못하여 항상 허망하고 요행한 데 떨어져 결국은 패가망신의 지경에 이르게 된다."라고 말씀하십니다.

대종사님 당시에 일어난 일입니다.

> 한 제자 교중 초가지붕을 이면서 나래만 두르고 새끼는 두르지 아니 하는지라, 대종사 말씀하시기를 "밤사이라도 혹 바람이 불면 그 이어 놓은 것이 허사가 아닌가." 하시었으나, "지방은 바람이 심하지 아니하옵니다." 하며 그대로 두더니, 그날 밤에 때아닌 바람이 일어나 지붕이 다 걷혀 버린지라, 그 제자 송구하여 어찌할 바를 알지 못하며 "대종사께서는 신통으로 미리 보시고 가르쳐 주신 것을 이 어리석은 것이 명을 어기어 이리되었나이다." 하거늘, 대종사 말씀하시기를 "이번 일에는 그 든든하고 떳떳한 길을 가르쳐 주었건마는 그대가 듣지 아니하더니, 이제는 도리어 나를 신기한 사람으로 돌리니 그 허물이 또한 더 크도다. 그대가 나를 그렇게 생각한다면 그대는 앞으로 나에게 대도 정법은 배우지 아니하고 신기한 일만 엿볼 터인즉, 그 앞길이 어찌 위태하지 아니하리오. 그대는 곧 그 생각을 바로잡고 앞으로는 매사를 오직 든든하고 떳떳한 길로만 밟아 행하라."(실시품 30장)

오늘날 높은 학력을 가진 신자들에게도 이 같은 일이 종종 일어납니다. 어떤 기독교 신자는 하나님이 자기 병을 고쳐줄 것이라고 믿고, 의사를 찾지 않거나 약을 복용하지 않다가 오히려 병이 악화하거나 생명을 잃기도 합니다. 몇 년 전 아프리카의 어떤 부족은 한 예언가에게 올해 풍년이 될 것인지를 물었다고 합니다. 그 예언가가 "올해는 풍년이 될 것이다."라고 말을 하자, 그 부족은 안심하고 농사를 게을리 지었고, 결국 그 해의 수확은 형편없게 되었다고 합니다.

대종사님 말씀처럼 참으로 "사실과 허위를 분간하지 못하여 항상 허망하고 요행한 데 떨어져 결국은 패가망신의 지경에 이르게 되는 것"입니다.

어느 날 수행자들 사이에 "이 세상에서 무엇이 가장 두려운가?"에 관한 담론이 벌어졌습니다. 한 수행자가 이 세상에서 가장 두려운 것은 뱀이라고 말했습니다. 당시에는 많은 수행자들이 숲에서 수행했고, 실제로 독뱀에 물려 죽는 사례가 종종 있었기 때문입니다. 어떤 수행자는 귀신이 이 세상에서 가장 두렵다고 했습니다. 다른 수행자는 사람의 욕망이 세상에서 가장 두려운 것이라고 했습니다.

논쟁을 한창 벌이고 있을 때 부처님이 우연히 그들 앞을 지나갔습니다. 그들은 이를 부처님에게 물어보자고 했습니다. 부처님은 "이 세상에서 가장 두려운 것은 인간의 무지無知다."라고 말씀하셨습니다.

이 세상에서 가장 두려운 것은 인간의 무지無知입니다. 무지가 모든 고통의 근본이기 때문입니다.

다음은 '사리 연구의 목적'의 마지막 부분입니다. "우리는 천조의 난측한 이치와 인간의 다단한 일을 미리 연구하였다가 실생활에 다다라 밝게 분석하고 빠르게 판단하여 알자는 것이니라.”

일과 이치에 있어서 무지無知를 없애고 바른 지혜를 얻기 위해서 대종사님은 “천조의 난측한 이치와 인간의 다단한 일을 미리 연구”하라고 당부하십니다. 또한 “실생활에 다다라 밝게 분석하고 빠르게 판단”하라고 말씀하십니다.

여기서 ‘미리’라는 말이 중요합니다. 중요하고 복잡한 일일수록 ‘미리’ 연구하지 않으면 안 됩니다.

등소평(1904~1997)은 사회주의 중국을 시장경제 체제로 전환하고 중국을 근대화로 이끈 핵심 인물입니다. 그는 ‘중국식 사회주의’라는 새로운 형태의 사회주의를 발전시켰으며, 이를 바탕으로 경제개혁을 성공적으로 성취해냈습니다. 그 결과 수억 명에 달하는 중국인들의 생활 수준이 크게 향상되었습니다.

그의 경제 정책과 철학은 당시 실권자였던 모택동 주석의 정치 이념과 충돌했기 때문에, 등소평은 문화대혁명 기간 두 차례나 실각하게 됩니다. 실각 후 1978년 최고 지도자로 복귀하기 전까지, 등소평은 사실상 시골에서 유배 생활을 했습니다.

그러나 그 기간 많은 독서와 치밀한 연구를 통해 중국 개혁과 현대화를 위한 구상을 ‘미리’ 준비했습니다. 서구의 정치·경제 사상과 일본의 모델을 깊이 연구했고, 유배 상태에서도 과거 동료들과 군부 인사, 그리고 온건파 정치인들과 연락을 유지하며 정세 변화에 대비했습니다.

이러한 철저한 준비 덕분에 등소평은 권력에 오르자마자 곧 바로 중국의 '4대 현대화 계획'을 시행했습니다. 이 개혁을 바로 시행할 수 있었던 것은 이미 오랫동안 등소평이 '미리' 중국 근대화를 '준비'했기 때문입니다.

큰 일일수록 미리 연구하고 준비해야 합니다. 미리 준비 없이는 "실생활에 다다라 밝게 분석하고 빠르게 판단"할 수 없습니다.

축구선수가 평소에 연습하지 않고 실제 경기에서 큰 성과를 낼 수 없듯이 모든 일을 미리 연구하고 준비하는 것이 성공의 열쇠가 됩니다.

미리 연구하고 잘 준비가 되었으면 다음 단계는 "실생활에 다다라 밝게 분석하고 빠르게 판단"하는 것입니다. 이는 개인뿐만 아니라, 기업이나 국가 경영에 있어서도 결정적인 요소입니다.

19세기 말, 서구 열강들이 동양에 침략할 당시, 청나라와 조선은 통상수교 거부정책을 고수하며 외부 세계의 변화를 제대로 인식하지 못해 결국 국가의 주권을 잃어버렸습니다. 반면, 일본은 세계정세를 정확히 분석하여 메이지유신을 통해 군제개혁, 산업화, 교육개혁 등을 단기간에 추진하여 급속한 근대화를 이루었고, 곧바로 열강의 대열에 합류했습니다.

개인도, 기업도, 국가도 "밝게 분석하고 빠르게 판단"해야 성공할 수 있습니다.

또한 "실생활에 다다라"라는 구절에서 '실생활'이라는 말을 우리는 잘 생각해야 합니다.

종이는 기원전 2세기경 중국 한나라의 채륜蔡倫에 의해 처음 발명됩니다. 이는 혁신적인 기술이었고 당시 죽간竹簡이나 비단보다 훨씬 효율적이었습니다. 더구나 종이 인쇄 기술은 왕실이나 소수 지식인의 전유물이었고, 일반 대중에게 널리 보급되지 않아 실생활에도 활용되지 않았습니다.

그러나 이 종이 제조 기술은 유럽에 전래된 후, 15세기 구텐베르크의 금속활자 인쇄기와 결합하면서 유럽 사회 전반에 급속히 확산되었습니다. 이 종이 제조 기술은 유럽 사회의 대중교육과 종교개혁에 지대한 영향을 미쳤습니다.

우리가 하는 연구가 관념적인지, 아니면 내 생활을 변화시키는 실용적인 것인지 잘 생각해야 합니다.

우리가 종교 경전을 읽는 목적은 모르는 것을 아는 데 있지 않고, 법문 말씀을 통해 성자의 가르침이 우리 삶에 체화되고 나의 실생활을 변화시키기 위함입니다. 따라서 법문을 읽을 때 '실생활에 다다라' 내가 어떻게 경전을 활용할 것인가를 특히 잘 염두에 두고 경전을 읽어야 합니다.

'사리 연구의 결과'를 대종사님이 다음처럼 말씀하십니다.

"우리가 사리 연구 공부를 오래오래 계속하면, 천만 사리를 분석하고 판단하는 데 걸림 없이 아는 지혜의 힘이 생겨 결국 연구력을 얻을 것이니라."

오늘날 우리가 누리고 있는 물질문명은 과학기술의 발전 결과입니다. 이는 곧 지식의 힘, 특히 수학과 과학에 축적된 지식의 '힘'의 산물입니다.

필자가 고등학생 시절에는 수학 문제들이 풀리지 않거나 지루해질 때 '이걸 배워서 도대체 어디에 쓰지?'라는 의문이 자주 들었습니다. 수학의 여러 개념이 실생활과 무관하게 느껴졌기 때문입니다.

하지만 대학에 진학하고 나서야 알았습니다. 고대의 피라미드를 포함한 모든 건축물도 기하학과 역학적 계산의 산물이며, 수학 없이 사람들이 달력도 만들 수 없고, 우주 탐사도 불가능하다는 것을 알았습니다. 이처럼 현대 문명의 거의 모든 기반에는 수학과 과학이라는 '지식의 힘'이 바탕하고 있습니다.

현대 문명을 이루는 데는 과학의 '지식의 힘'뿐만 아니라, 성자들이 진리를 깨달은 '지혜의 힘'에도 크게 바탕을 둡니다.

오늘날 '인류는 평등하다'와 같은 법철학적 원리는, 인간이 하나님의 형상대로 평등하게 창조되었다고 보는 성경적 관점에 근거해 발전해 왔습니다. 법률뿐 아니라 서구 민주주의 국가 사회 시스템 자체가 기독교적 가치관에 뿌리를 두고 있습니다. 서기 ○○○○년이라는 말은 예수님의 탄생이 시간의 기준이 된다는 말입니다. 단지 3년간의 공생애를 사신 예수님이 특히 서양에서 시간의 주인공이 되어있는 것은 진리 세계인 이理에 관한 깨달음을 이루었기 때문입니다. 2500년 전 인도에서 태어나신 석가모니 부처님의 가르침이 지금 온 세상에 편만해 있고, 서양에서 부처님이 가르쳐 주신 선과 명상이 빠르게 보급되고 있는 것도 부처님이 우주의 이치, 즉 이理에 관한 완전한 깨달음을 이루었고 그 '힘'이 지금까지 미치기 때문입니다.

"사리 연구" 장에서 대종사님이 밝혀주신 바대로 '사事'에 관한 지식의 힘과 '이理'에 관한 '깨달음의 힘'이 인류 문명의 큰 두 축을 이루고 있는 것입니다.

무덤 주위에 있는 화강암은 거울처럼 맑고 반짝거립니다. 이는 지하에서 캔 거친 화강석을 갈고 닦았기 때문입니다.

대각 후 부처님은 "일체중생이 다 부처님의 덕상을 가지고 있다."라고 말씀하셨습니다. 자꾸 연마하고 궁구하면 거친 화강석이 거울 같은 화강암이 되듯이, 우리도 결국 큰 '연구력'과 '지혜의 힘'을 얻을 수 있습니다.

증기기관의 수증기 힘이 무거운 기차를 움직이듯이, '연구'를 통해 얻은 지식과 지혜의 힘은 우리 인생을 고해에서 낙원으로 힘 있게 이끌어줍니다.

'한술에 배부르랴?'라는 속담이 있습니다. 밥을 숟가락으로 여러 번 떠먹어야 배가 부르듯이, 연구도 끊임없이 계속하는 것입니다.

대종사님도 사리 연구 공부를 '오래오래' 계속해야 연구력을 얻는다고 말씀해 주셨습니다.

성공은 특별한 비법에 있는 것이 아니라 '오래오래' 하는 데 있음을 알아야 합니다. 정주영 회장님이 "종교에는 기적이 있지만 경제에는 기적이 없다. 오직 노력과 땀, 근면과 끈기가 있을 뿐이다."라고 말씀하셨습니다.

우리는 어떤 분야에서든 해결을 보고 지혜의 힘을 얻기 위해, 원하는 결과가 나올 때까지 하고 또 하고 '오래오래' 반복해야 성공할 수 있습니다. 부처님이 육도사생 구원을 위해 오백생 인욕 적공을 했듯이 말입니다.

3-3. 바른 마음 (작업 취사)

행함이 없는 믿음은 죽은 것이라.

— 야고보 2:14

크리스마스이브 날, 한 중년 신사가 파티에 참석하기 위해 과속 운전을 했습니다. 마침 교통경찰에게 잡혀서 범칙금 딱지를 받게 되었는데, 그 젊은 경찰은 상당히 무례한 태도를 보였고, 신사는 그 경찰과 실랑이를 벌이게 되었습니다. 신사는 너무 화가 난 나머지 급기야 젊은 경찰관의 뺨을 때렸고, 그로 인해 그분은 수갑이 채워져 경찰서로 연행되었습니다. 어떤 이유인지 그분은 친구와 가족에게 전화하는 것이 허락되지 않았고 경찰서 철장에서 크리스마스이브를 보내게 되었습니다.

그분은 분을 참지 못해서 그날 저녁 경찰서 철장에서 뇌졸중으로 쓰러졌고 크리스마스이브 날 세상을 떠나게 되었습니다. 몇 년 전 실제 일어난 일입니다.

이분이 신앙 수행을 하는 분인가를 한번 생각해 보겠습니다. 이분이 좌선 혹은 기도를 많이 하는 분일 수도 있고 그렇지 않을 수도 있습니다. 이분이 교회, 절 혹은 교당에 다니는 분일 수도 있고 아닐 수도 있습니다.

분명한 것은 이분이 크리스마스이브 날 잘못된 '선택'을 했다는 것입니다. 현실 상황에서 '실다운' 마음공부를 하지 않은 것입니다.

크리스마스이브 파티에 좀 늦는다고 무슨 대수냐 생각하며 과속하지 않을 수도 있었습니다. 젊은 경찰이 무례한 태도를 보여도, 다른 젊은이들은 크리스마스이브 다 즐겁게 놀고 있을텐데, 젊은 경찰이 추운 데서 고생하는구나 하고 무례한 행동을 이해할 수도 있었을 것입니다. 또한 경찰서 철장 안에서 화나는 상황만을 생각할 것이 아니라, 어차피 그렇게 된 것 내일 아침이면 나가겠지, 하고 편히 마음을 돌렸을 수도 있었습니다. 미래에 이 일이 추억, 농담거리가 될 수도 있었을 것입니다.

그러나 이분은 순간순간 지혜롭지 못한 '선택'을 했고 결국 불행한 최후를 맞이했습니다.

인생을 산다고 하는 것은 끊임없이 우리의 몸과 마음, 즉 안·이·비·설·신·의眼耳鼻舌身意 육근六根을 사용하는 것입니다. 육근 동작을 통해서 우리는 항상 업을 지어 갑니다. 원불교 용어로 이를 작업作業이라 합니다.

육근 작용 즉 작업作業에 따라 우리 인생이 고가 될 수도 있고 낙으로 화할 수도 있습니다. 이는 현실에서 우리의 취사선택에 달려 있습니다.

취사取捨라는 말은 취[취할 취 取]할 것은 취하고, 버릴 것은 버린다는[버릴 사 捨] 뜻입니다. 순간순간의 취사가 우리 운명을 좌우합니다. 여러분의 결혼 혹은 직업을 한번 생각해 보십시오. 여러분의 배우자와 직업은 언젠가 여러분이 과거에 '선택'을 한 것이며, 그 선택이 지금 여러분 인생에 얼마나 큰 영향을 주고 있습니까?

『정전』 '고락의 법문'에서 대종사님은 말씀하십니다.

> "대범, 사람이 세상에 나면 싫어하는 것과 좋아하는 것 두 가지가 있으니, 하나는 괴로운 고요 둘은 즐거운 낙이라, 고에도 우연한 고가 있고 사람이 지어서 받는 고가 있으며, 낙에도 우연한 낙이 있고 사람이 지어서 받는 낙이 있는바, 고는 사람사람이 다 싫어하고 낙은 사람사람이 다 좋아하나니라. 그러나, 고락의 원인을 생각하여 보는 사람은 적은지라, 이 고가 영원한 고가 될는지 고가 변하여 낙이 될는지 낙이라도 영원한 낙이 될는지 낙이 변하여 고가 될는지 생각 없이 살지마는 우리는 정당한 고락과 부정당한 고락을 자상히 알아서 정당한 고락으로 무궁한 세월을 한결같이 지내며, 부정당한 고락은 영원히 오지 아니하도록 행·주·좌·와·어·묵·동·정 간에 응용하는 데 온전한 생각으로 취사하기를 주의할 것이니라."

명상 혹은 기도를 많이 하고 경전 공부를 많이 하여도 수행의 열매는 결국 '실행'입니다. 인생을 위해 수행을 하는 것이지,

수행을 위해 인생을 사는 것이 아닙니다. 대종사님은 '작업 취사의 요지'를 다음으로 말씀하십니다.

> "작업이라 함은 무슨 일에나 안·이·비·설·신·의眼耳鼻舌身意 육근作業을 작용함을 이름이요, 취사取捨라 함은 정의는 취하고 불의는 버림을 이름이니라."

'작업 취사의 목적'을 다음과 같이 설명하십니다.

> "정신을 수양하여 수양력을 얻었고 사리를 연구하여 연구력을 얻었다 하더라도, 실제 일을 작용하는 데 있어 실행하지 못하면 수양과 연구가 수포에 돌아갈 뿐이요 실효과를 얻기가 어렵나니, 예를 들면 줄기와 가지와 꽃과 잎은 좋은 나무에 결실이 없는 것과 같다 할 것이니라."

훌륭한 의사를 만나 진단 처방을 잘 받아도 의사가 권하는 약을 먹지 않거나 의사가 말하는 주의 사항을 지키지 않으면 소용없습니다. 우리가 경전 공부를 열심히 해도 혹은 절 혹은 교당, 교회에 열심히 다녀도 배운 것을 현실 생활에서 실행하지 않으면 우리 삶은 결국 열매 없는 삶이 됩니다. 예수님도 열매를 맺지 못하는 나무는 찍혀서 불쏘시개로 사용할 수밖에 없다고 말씀하셨습니다. "선한 열매를 맺지 아니하는 나무마다 찍혀 불에 던지느니라."(마태 7:19)

'작업 취사의 목적' 역시 '실행 공부'를 잘하여 고해는 피하고 낙원을 맞이하자는 것입니다. '작업 취사의 목적'에서 대종사님은 사람들이 바른 실행을 하지 못하는 이유를 세 가지로 말씀해 주십니다.

> "… 대범, 우리 인류가 선善이 좋은 줄은 알되 선을 행하지 못하며, 악惡이 그른 줄 알되 악을 끊지 못하여 평탄한 낙원을 버리고 험악한 고해로 들어가는 까닭은 그 무엇인가. 그것은 일에 당하여 시비를 몰라서 실행이 없거나, 설사 시비는 안다 할지라도 불같이 일어나는 욕심을 제어하지 못하거나, 철석같이 굳은 습관에 끌리거나 하여 악은 버리고 선은 취하는 실행이 없는 까닭이니, 우리는 정의거든 기어이 취하고 불의거든 기어이 버리는 실행 공부를 하여, 싫어하는 고해는 피하고 바라는 낙원을 맞아오자는 것이니라."

우리가 인생을 살면서 지혜롭고 바른 취사를 하지 못하는 첫째 이유는 "일에 당하여 시비를 몰라서…." 즉 어떤 선택을 하는데 있어서 옳음과 그름을 잘 알지 못하기 때문입니다.

『성경』에도 "내 백성이 여호와를 아는 지식이 없으므로 망하도다."(호세아 4:6)라는 호세아 선지자의 말씀이 있습니다.

『정전』 '고락의 법문'에서도 낙을 버리고 고로 들어가는 첫째 원인을 "고락의 근원을 알지 못함이요"라고 말씀하십니다. 많은 사람이 자기에게 유리한 것은 옳은 일, 불리한 것은 그른 일이라고 생각하고, 자기에게 유리한 선택을 하는 경우가 많이 있습니다. 즉 자기 이해가 옳고 그른 것의 기준이 됩니다.

한때 한국에서 한 코미디언이 『조금만 비겁하면 인생이 즐겁다』라는 책을 써서 많이 회자한 적이 있었습니다. 좋지 않은 음식을 먹는다고 건강이 바로 나빠지는 것은 아닙니다. 그러나 그 음식이 분명 몸에 영향을 줍니다. 우리의 옳고 그른 행동은 반드시 나중에 어떤 결과를 초래합니다.

한 경찰분이 자기와 친분 있는 스님께 자기 경험담을 이야기 했습니다. 그분은 경찰로서 도굴꾼을 체포하는 일이 자기 담당이었습니다. "스님, 전 불교 신자는 아니지만 부처님의 인과의 진리 말씀은 확실히 믿습니다. 과거에 도굴꾼들이 값비싼 유물을 도굴해서 몰래 팔아 큰돈을 버는 사람들을 많이 봤습니다. 그러나 그들은 얼마 가지 않아 잡혀서, 번 돈을 다 빼앗기고 결국 패가망신하는 것을 수없이 보아 왔습니다. 그들만 망하는 것이 아니라 그들 자식까지 망하는 것을 자주 보았습니다."

심은 대로 거두는 것이 인과의 진리입니다.

필자의 스승님은 제게 부처님의 어떠한 법문을 믿지 않아도, 지은 대로 받는다는 인과의 진리만은 꼭 믿어야 한다는 말씀을 자주하셨습니다.

> 대종사 말씀하시기를 "우주의 진리는 원래 생멸이 없이 길이 길이 돌고 도는지라, 가는 것이 곧 오는 것이 되고 오는 것이 곧 가는 것이 되며, 주는 사람이 곧 받는 사람이 되고 받는 사

람이 곧 주는 사람이 되나니, 이것이 만고에 변함없는 상도常道니라."(인과품 1장)

"천지에 사시 순환하는 이치를 따라 만물에 생·로·병·사의 변화가 있고 우주에 음양 상승陰陽相勝하는 도를 따라 인간에 선악 인과의 보응이 있게 되나니, 겨울은 음陰이 성할 때이나 음 가운데 양陽이 포함되어 있으므로 양이 차차 힘을 얻어 마침내 봄이 되고 여름이 되며, 여름은 양이 성할 때이나 양 가운데 음이 포함되어 있으므로 음이 차차 힘을 얻어 마침내 가을이 되고 겨울이 되는 것과 같이, 인간의 일도 또한 강과 약이 서로 관계하고 선과 악이 짓는 바에 따라 진급 강급과 상생상극의 과보가 있게 되나니, 이것이 곧 인과보응의 원리니라."(인과품 2장)

"식물들은 뿌리를 땅에 박고 살므로 그 씨나 뿌리가 땅속에 심어지면 시절의 인연을 따라 싹이 트고 자라나며, 동물들은 하늘에 뿌리를 박고 살므로 마음 한 번 가지고 몸 한 번 행동하고 말 한 번 한 것이라도 그 업인業因이 허공 법계에 심어져서, 제각기 선악의 연緣을 따라 지은 대로 과보가 나타나나니, 어찌 사람을 속이고 하늘을 속이리오."(인과품 3장)

높은 교육을 받은 사람이 횡령하거나 부정직한 행동을 해서 한순간에 명예와 지위를 잃어버리는 경우를 우리는 종종 봅니다. 필자는 가끔 생각하곤 합니다.

'이 세상 사람들이 신앙 수행을 하지 않더라도 부처님이 말씀하신 인과 진리를 뚜렷이 믿으면 이 세상이 얼마나 좋은 곳이 될 것인가?'

> 대종사 서울교당에서 건축 감역을 하시는데, 여러 일꾼이 서로 말하기를, 사람이 아무리 애를 써도 억지로는 잘살 수 없는 것이요, 반드시 무슨 우연한 음조陰助가 있어야 되는 것이라고 하는지라, 대종사 들으시고 그 후 제자들에게 말씀하시기를 "대저 우리 인간이 이 세상에 살아가자면 우연한 가운데 음조와 음해가 없지 아니하나니 모르는 사람들은 그것을 하나님이나 부처님이나 조상이나 귀신이 맡아놓고 주는 것인 줄로 알지마는 아는 사람은 그 모든 것이 다 각자의 심신을 작용한 결과로 과거에 자기가 지은 바를 현재에 받게 되고, 현재에 지은 바를 또한 미래에 받게 되는 것이요, 짓지 아니하고 받는 일은 하나도 없는 줄로 아나니, 그러므로 어리석은 사람들은 고난을 억지로 면하려 하나, 지혜 있는 사람은 이미 지어놓은 죄복은 다 편안히 받으면서 미래의 복락을 위하여 꾸준히 노력을 계속하는 것이며, 같은 복을 짓는 중에도 국한 없는 공덕을 공중에 심어서 어느 때 어느 곳에서나 복록의 원천이 마르지 않게 하나니라."(인과품 15장)

우리가 바른 취사를 하지 못하는 두 번째 요인은 "설사 시비는 안다 할지라도 불같이 일어나는 욕심을 제어하지 못 하거나…"라고 대종사님이 말씀하십니다.

무엇이 옳은 것이며, 무엇이 행복과 성공으로 이끄는 지혜로운 선택인지 알지만 '욕심'에 끌려 바른 취사를 하지 못하는 경우가 많이 있습니다.

사람들이 건강해지는 법을 압니다. 운동을 열심히 하거나, 음식을 존절히 먹고 과로하지 않고 등등. 그러나 게으름, 하기 싫음 등 육신의 욕망에 끌려 바른 취사를 잘하지 못합니다. 사람들이 어떻게 하면 성공하는지를 잘 알지만, 실제로 최선을 다해 일하는 사람은 많지 않습니다. 할 일을 미루거나, 적당히 하고 현실에 안주하는 것 역시 육신의 욕망에 끌리고 안일의 욕구에 굴복해서 바른 선택을 하지 못하는 것입니다.

대종사님은 욕심을 '불같이 일어나는' 것으로 비유하셨습니다.

필자는 어린 시절 불장난을 좋아했습니다. 종이, 나무 조각 등을 태우며 놀곤 했는데 어린 나이였지만 불장난할 때 점점 대담해져서, 지난번에 놀았던 불 크기에 만족하지 못하고 더 큰 불을 피우고자 하는 욕망이 생겼습니다. 어느 가을날, 성냥으로 정원의 풀을 태우다, 불이 번져 정원의 상당 부분을 태운 적도 있었습니다. 너무 놀란 기억이라 지금도 생생합니다. 그때 바싹 마른 풀에 붙은 불을 어린 필자가 제어하기가 힘들었던 것처럼 우리의 욕심과 욕망도 이같이 '불같이 일어나기' 십상이고 제어하기 쉽지 않습니다. 욕심의 불은 초기에 제어하지 않으면 그것이 점점 커져 우리 인생을 망칩니다. 나방이 불로 날아와 자기 몸을 태워 죽듯….

색욕, 물질 혹은 권력에 대한 욕심 등 우리 욕망은 참으로 다양한 모습을 하고 있습니다. 어떻게 하면 우리가 욕심을 잘 조절할 수 있을까요? 솔성요론 7조에서 대종사님이 말씀하셨습니다.

"탐한 욕심이 나거든 사자와 같이 무서워할 것이요."

아프리카 사파리 여행을 하다가 갑자기 사자를 만났다고 가정해 보겠습니다. 어떻게 해야 할까요? 생각할 것도 없습니다. 일단 사자로부터 도망가야 합니다. 우리 마음에서 어떤 욕심이 일어나면 그 욕심을 사자와 같이 생각하고, 이를 멀리하라고 대종사님이 말씀하셨습니다.

교회에 다니는 필자 친구가 있었습니다. 그는 결혼해서 아이가 두 명 있는데 교회 성가대 활동을 하면서 성가대에서 활동하는 여자와 좋아하는 사이가 되었습니다. 독실한 크리스천인 그는 자기 결혼 생활이 이 상황으로 인해 위태해질 수 있음을 예감했습니다. 어느 날 결단을 해서 그 교회를 떠났습니다. 같은 교회에 다니는 한, 자기가 좋아하는 그 여자를 계속 보기에 유혹 자체를 멀리하기 위해 교회를 바꾼 것입니다. "탐한 욕심이 나거든 사자와 같이 무서워할 것이요"를 잘 실천한 것입니다.

잡초를 제거할 때 잡초가 어릴 때 뽑으면 더 쉽고 공력이 덜 듭니다. 욕심이 날 때 초기에 이를 제거하는 것이 지혜로운 방법입니다.

내 욕심대로 하면 어떤 결과를 초래할 것인지 인과의 관계를 잘 생각해 보는 것도 욕심을 제거하는 좋은 방법입니다.

미국의 한 유명 앵커는 알코올 중독자였습니다. 동료들 모르게 수년간 AA 미팅[알코올 중독자 모임]에 다녔지만, 그 모임이 그 앵커에게 큰 도움이 되지 않았습니다. 어느 날 그 앵커는 자기 여동생으로부터 조카가 생겼다는 전화를 받았습니다. 며칠 후 동생 집을 방문해서 새로 태어난 조카를 보았는데 그 아기가 너무 예뻐서 첫눈에 반했습니다. 앵커는 집에 와서 꼼꼼히 자신을 생각해 보았습니다. 조카가 자라 이모가 알코올 중독자라는 것을 알면 어떻게 될까? 조카에게 이런 모습을 보이게 될 자신이 너무 싫어서, 자기 이성理性에 호소해서 그날 이후 술을 끊었다고 합니다. 욕심을 없애겠다고 자꾸 다짐만 하기보다, 내가 이 욕심을 그대로 지니고 충족시키려 하면 나의 미래가 어떻게 될지를 꼼꼼히 생각해 보고 이성적으로 행동하는 것도 욕심을 제거하는 데 도움이 됩니다.

인간 욕망에 관한 부처님 법문입니다.

> "재물과 색色을 탐하는 사람은 비컨대 어린아이가 칼날에 묻은 꿀을 탐하는 것과 같나니 한때도 족히 달게 먹을 것은 없고 도리어 혀를 끊을 염려가 있나니라."(『사십이장경』 22)

어떤 여자분이 결혼식을 앞두고 날씬하게 보이기 위해 몇 개월간 철저히 다이어트했습니다. 그 여자분에게는 뚜렷한 목적이 있었기에 그동안 실패했던 다이어트를 성공한 것입니다. 결혼식 날 날씬하게 보여야 한다는 큰 욕구가 음식에 대한 작은 욕구를 잠재워 버린 것입니다.

우리 마음에 진리적으로 참된 큰 욕심이 발하게 되면 세상으로 향하는 작은 욕심이 잠잠해집니다. 필자도 출가한 후 진리를 공부하고 알게 되고 나서 인생의 목적과 가치관이 바뀌었으므로 세상 것에 끌리는 마음이 거의 없어졌습니다.

> 한 제자 여쭙기를 무슨 방법으로 수양하여야 오욕을 다 없애고 수도에 전일하여 부처님과 같이 한가롭고 넉넉한 생활을 하오리까. 대종사 말씀하시기를 "욕심은 없앨 것이 아니라 도리어 키울 것이니, 작은 욕심을 큰 서원으로 돌려 키워서 마음이 거기에 전일하면 작은 욕심들은 자연 잠잠할 것이요, 그러하면 저절로 한가롭고 넉넉한 생활을 하게 되리라."(수행품 36장)

대산 종사님은 "어떤 것도 성불의 원願과 바꾸어서는 안 된다."라고 말씀하셨습니다.

어떤 목적지에 반드시 도달하려는 마음과 목표 의식이 분명하면, 이런저런 휴게소에 들르거나, 휴게소에서 많은 시간을 보내지 않습니다. 우리 인생에 진리적 목표가 뚜렷이 서면, 세속의 욕망을 쉽게 극복할 수 있고, 마음이 안정되어 삶에 중심이 잡힙니다.

> 대종사 말씀하시기를 "나는 그대들에게 희·노·애·락의 감정을 억지로 없애라고 가르치는 것이 아니라, 희·노·애·락을 곳과 때에 마땅하게 써서 자유로운 마음 기틀을 걸림없이 운용하되 중도에만 어그러지지 않게 하라고 하며, 가벼운 재주와 작은 욕심을 미워할 것이 아니라 그 재주와 발심의 크지 못함을 걱정하라 하노니, 그러므로 나의 가르치는 법은 오직 작은 것을 크게 할 뿐이며, 배우는 사람도 작은 데에 들이던 그 공력을 다시 큰 데로 돌리라는 것이니, 이것이 곧 큰 것을 성취하는 대법이니라."(수행품 37장)

현실 생활에서 바른 취사를 하지 못해 낙을 버리고 고로 향하는 셋째 이유는 '철석같이 굳은 습관' 때문이라고 대종사님은 말씀하십니다.

'습관'의 사전적인 정의는 "오랫동안 되풀이하여 행해져서 규칙처럼 되어 있는 고정된 행동 양식"입니다. 좋은 습관은 길들이기가 어렵고 시간이 걸리지만, 좋지 않은 습관은 금방 길듭니다. 대종사님은 어린 시절부터 구도의 열정을 보이며 고행하신 것 역시 당신의 전생 습관 때문이라고 말씀하셨습니다.

> "… 내가 다행히 전세의 습관으로 어릴 때 발심하여 성심으로 도는 구하였으나…."(수행품 47장)

원불교 5대 종법사를 지낸 경산 상사님은 "어떤 일에 성공을 할 것인가 혹은 내가 성불을 할 것인가를 알려면 너의 습관을 봐라."라고 말씀하셨습니다.

좋은 습관이 나의 수행과 인생을 성공으로 이끌고, 나쁜 습관이 내 인생을 망친다는 것을 알지만, 나쁜 습관 고치기가 쉽지 않습니다. 어떻게 하면 나쁜 습관을 고칠 수 있을까요?

필자는 우선 좌선과 명상을 규칙적으로 하라고 권합니다.

원불교 『정전』을 보면 '좌선의 공덕'이 다음과 같이 기술되어 있습니다.

> "좌선을 오래 하여 그 힘을 얻고 보면 아래와 같은 열 가지 이익이 있나니,… 5. 인내력이 생겨나는 것이요, 6. 착심이 없어지는 것이요, 7. 사심이 정심으로 변하는 것이요, 8. 자성의 혜광이 나타나는 것이요…."

좌선 혹은 명상을 하게 되면 마음이 비워지고 깨끗해져서 이런저런 생각으로 인한 유혹이 적어질 뿐만 아니라, 마음에 힘을 얻어 욕심을 이겨 낼 수 있습니다. 육신은 쓸수록 강해지지만, 마음은 멈출수록 그 힘이 강해집니다. 생각을 과도하게 하는 현대인에게 좌선은 '마음의 힘'을 얻는 최고의 방법 중 하나입니다.

대종사님은 "모든 부처 모든 성인과 일체 위인이 다 이 선법으로써 그만한 심력을 얻었나니라."(수행품 13장)라고 말씀하셨습니다.

좌선 수행으로 우리 본성이 드러나면 욕심, 착심, 사심이 차차 없어지고 자성의 혜광이 비추어져서 모든 생각이 바르게 됩니다. 어떤 유혹이 생기면 억지로 갈등하지 말고, 호흡을 고르게 하며 우선 잠시 가만히 앉아 있으라고 심리학자들은 권합니다. 그러면 마음이 안정되어 자연스럽게 지혜가 생기고 유혹의 생각도 사라져 바른 판단과 행동을 쉽게 할 수 있다는 것입니다.

원달마센터에서는 각종 농작물을 재배합니다. 배추를 기를 때 거름을 잘 주면 설사 벌레가 있어도 배추는 건강하고 싱싱하게 자랍니다. 명상과 선은 우리 마음 땅에 거름을 주는 것과 같이 우리 마음과 인생에 활력을 줍니다. 배추를 키울 때 거름을 줄 뿐 아니라, 벌레도 함께 잡아주면 배추가 더 잘 자랍니다. 규칙적으로 하는 선과 명상이 우리 마음 밭에 거름을 주는 것이라면, 현실 가운데서 하나하나 나쁜 습관을 고치는 유무념 공부는 하나하나 벌레를 잡는 것과 같습니다.

하루아침에 좋지 않은 습관을 바꾸고 자신을 갑자기 변화시킬 수는 없습니다. 그러나 나쁜 습관을 하나하나 고치는 것을 유무념 조항으로 잡고 현실적 공부를 꾸준히 하면 이것이 자기 인생을 바꾸는 큰 역할을 합니다.

저는 개인적으로 급한 마음, 욕속심, 남을 판단하는 마음, 악한 말 안 하기, 자비심과 이해심 기르기 등을 유무념 조항으로 잡고 공부하고 있습니다. 이것이 유무념 조항으로 되어 있으면 현실 경계에 당할 때 즉 어떤 현실 상황에서 습관적으로 행동하는 것이 아니라, 한번 마음을 멈추고 생각하게 되어 좋지 않은 습관을 고치는 데 큰 도움이 된다는 것을 경험했습니다. 특히 원불교인들은 계문이나 솔성요론에서, 내가 어떤 욕심을 극복해야 하나 잘 생각해 보고 이를 유무념 조항으로 삼아서 고해를 피하고 낙원 생활을 해야 할 것입니다.

'작업 취사의 목적'을 대종사님은 "바라는 낙원을 맞아오는 것"이라 말씀하십니다.

> "… 우리는 정의거든 기어이 취하고 불의거든 기어이 버리는 실행 공부를 하여, 싫어하는 고해는 피하고 바라는 낙원을 맞아오자는 것이니라."

대종사님은 우리가 작업 취사의 목적인 정의를 실현하려면 "기어이 취하고 불의거든 기어이 버려라."라고 말씀하십니다.

'기어이'의 사전적인 의미는 "어떠한 일이 있더라도 반드시, 꼭, 마침내, 기어코"입니다.

알렉산더 대왕이 단기간에 세계를 제패한 이유는 그의 훌륭한 전략과 전술에도 기인하지만, 무엇보다도 그들은 어떤 사람과도 비교할 수 없는 '기어이' 하고자 하는 용심勇心, 분심忿心의 소유자였기 때문입니다.

알렉산더는 왕의 신분으로도 전쟁에 직접 참전했고 결정적 순간에는 최전방에서 일반 병사와 함께 싸웠습니다. 왕이 최전

선에서 싸우니 당연히 주변에 있던 장군, 장교, 일반 병사들도 최선을 다해 싸웠을 것과 같습니다.

알렉산더 대왕에게는 '기어이' 승리하고자 하는 마음이 있었기에 수많은 전쟁을 승리로 이끈 것입니다.

우리 마음공부는, 마음 나라에서 일어나고 있는 전쟁에 참여해서 싸우는 것입니다.

좋은 습관과 정의는 취하고, 나쁜 습관과 불의는 '기어이' 버리는 실행 공부를 잘하여, 대종사님의 염원이자 우리의 염원인 '싫어하는 고해는 피하고 바라는 낙원을 맞아오는' 삶을 살아야 합니다.

현실 유혹에 져서 '기어이'하는 실행 공부가 때로는 실패할 수 있습니다. 그러나 체조선수가 반복 훈련을 거듭하여 손에 피멍이 들고 다시 굳은살이 박이면 마침내 체조에 가장 합당한 손이 되듯이, 마음공부도 그렇습니다. 때론 수행에 성공하지 못하는 날들이 있더라도 포기하지 않고 '계속'하는 공부가 바로 작업 취사 공부, 마음공부의 핵심입니다.

훈련이라고 하는 것은 '오래오래', '반복'하는 것을 의미합니다.

'작업 취사의 결과'를 대종사님은 다음과 같이 말씀하십니다.

> "우리가 작업 취사 공부를 오래오래 계속하면, 모든 일을 응용할 때에 정의는 용맹 있게 취하고, 불의는 용맹 있게 버리는 실행의 힘을 얻어 결국 취사력을 얻을 것이니라."

4

수행의 네 가지 동력

[믿음, 분발, 의문, 정성]

신분의성信忿疑誠

> 한 제자 여쭙기를 "저는 본래 재질이 둔하온데 겸하여 공부하여 온 시일이 아직 짧사와 성취의 기한이 아득한 것 같사오니 어찌하오리까." 대종사 말씀하시기를 "도가의 공부는 원래 재질의 유무나 시일의 장단과 큰 관계가 있는 것이 아니라 오직 신信과 분忿과 의疑와 성誠으로 정진精進하고 못 하는 데에 큰 관계가 있나니, 누구나 신·분·의·성만 지극하면 공부의 성취는 날을 기약하고 가히 얻을 수 있나니라."(신성품 3장)

신앙, 수행하는 것, 현실 생활에서 진리적 삶을 사는 것이 쉽지는 않습니다. 태반의 사람들이 영생 혹은 진리적 가르침에 큰 관심이 없고 세속적인 가치관을 따라 살아가기에, 공부인들이 현대사회에서 바른 삶을 사는 것이 영적인 전쟁일 수 있습니다. 수행자들은 매일 혹은 매 순간 헛된 욕심, 게으름, 화, 질투, 비교심 등 마음에서 수없이 일어나는 많은 마군과 대치하며 싸워야 합니다.

나의 신앙과 수행 생활, 가치관을 잘 이해해 주지 못하는 배우자, 정직하지 못한 직장 동료 등 우리의 신앙과 수행을 방해하는 여러 외적 방해꾼들이 있습니다. 그러나 우리가 깨달음의 길로 가는 여정에 있어서 진정한 적, 방해꾼은 사실 우리 마음

속에 있습니다. 탐욕, 나태심, 욕속심 등이 바로 그것이며, 가장 큰 마장입니다.

수행인들은 세상, 그리고 타인과 싸우기 전에 먼저 우리 마음속에 내재하는 어둠의 적을 발견하고 싸워야 합니다. 이 영적 전쟁을 이슬람에서는 '지하드'라고 합니다.

전쟁에서 승리하기 위해서 본인이 열심히 싸우는 것도 중요하지만, 그에 못지않은 것이 훌륭한 아군을 얻는 것입니다. 2차 세계대전에서 독일 나치에 대항해서 연합군이 승리한 주요 계기는 미국의 참전이었습니다. 마음 나라에서 일어나는 전쟁에서 승리하기 위해서 대종사님은 무엇이 '아군'이고 '적군'인지를 분명히 가르쳐 주셨습니다. 수행과 인생의 어떤 목적을 성취하는 데 있어서 우리를 돕는 아군을 신信 분忿 의疑 성誠이라고 하시며, 이를 '진행사조進行四條'라고 말씀하셨습니다. 즉 믿음, 분발, 의문, 정성이 우리 수행과 인생길을 진행, 진척시켜 주는 아군입니다.

그리고 수행과 인생 성공을 방해하는 적군을 '사연사조捨捐四條'라고 하시고, 이를 불신不信, 탐욕貪慾, 나懶, 우愚라고 말씀하셨습니다. 즉 믿음이 약하거나 없는 것, 헛된 욕심, 나태심, 어리석음이 바로 사람들이 어떤 목적을 이루는 데 있어서 사연捨捐, 버려야 하는 네 가지 적이라는 것입니다.

훌륭한 도반과 스승을 만나고, 훌륭한 교당이나 교회를 만나는 것이 중요합니다. 그러나 내 마음에 진리를 향한, 혹은 어떤 목표를 향한 강한 믿음, 분발, 의문, 정성이 없으면 아무리 좋은 스승과 도반이 있어도 큰 의미가 없습니다. 좋은 좌선 방석을 구매했다고 하더라고 자기가 좌선하지 않는 이상 의미가 없는 것과 같습니다.

제자가 준비될 때 스승이 나타난다는 말이 있습니다. 진리를 향한 서원과 믿음, 정열과 정성이 있을 때 저절로 훌륭한 스승과 도반을 만나게 되는 것이 바로 우주의 섭리요 진리입니다.

우리의 수행과 인생을 진척시키는 네 가지 아군이 얼마나 우리 마음에 잘 자리잡고 있는지를 깊이 생각해 보아야 합니다.

4-1. 신信

신信이라 함은 믿음을 이름이니, 만사를 이루려 할 때에 마음을 정하는 원동력이니라.

제가 수년 전 미국에 있는 어떤 한의원에 간 적이 있습니다. 한국에서는 보통 한의사가 되기 위해 한의학, 침구학 등의 수업 및 제반 실습 과정을 마치려면 상당한 시간이 걸리기에 개업을 하시는 분들의 나이가 보통 듬직하고 지극합니다. 그러나 그 미국 한의사는 20대 후반 정도로 아주 젊었습니다. 그분이 저의 진맥을 마치고 어떤 한약을 처방해 주는데, 젊어서 그런지 그분 말에 믿음이 잘 가지 않았습니다. 실제로 그 미국 한의사의 실력이 어떤가는 알 수 없었지만, 제가 그 한의사에 관한 믿음이 약하니, 처방한 한약을 장기간 복용해야 한다는 말을 듣지 않게 되었습니다.

수행에 있어서나 세상에서 어떤 일을 성취하고자 하는 경우에 그것에 대한 신뢰, 믿음이 아주 중요합니다. 믿음이 없거나 혹 부족하면 어떤 일을 과감하게 할 마음이 부족할 것이고, 당연히 그 일을 성공시킬 가능성이 낮아질 것입니다.

부처님은 "불법의 바다는 믿음으로 들어간다."라고 말씀하셨습니다.

수행, 깨달음 혹은 마음의 자유를 찾아 떠나는 여행은 미지로 가는 여행과 같습니다. 잘 아는 길, 여러 번 가 본 길을 가는 것이 아니라, 확실히 모르는 길을 가는 여정입니다. 마음공부에 있어서 열반에 도달하기 위해 우리는 무엇을 믿고 의지해야 할까요?

수행인은 우선 진리를 깨달은 부처님의 말씀을 믿고 의지해야 합니다. 이는 흡사 잘 모르는 길을 갈 때 목적지까지 지도나 내비게이션을 믿고 운전하는 것과 같습니다.

부모님, 친구들, 배우자 등 우리를 아끼고 우리가 잘되기를 바라는 사람은 많습니다. 그러나 그들도 우리와 같이 깨달음을 얻고 자유를 얻은 사람들이 아니며, 나와 같이 많은 고민과 방황을 하며 사는 분들입니다. 그들이 우리를 도와 줄 마음이 있어도 그들 역시 영생의 길을 확실히 모르기에 그들 말을 전적으로 신뢰하고 그대로 따를 경우, 우리 인생이 잘못된 방향으로 나아갈 가능성이 큽니다.

그러나 진리를 깨달은 부처님, 대종사님은 인간 고苦를 벗어나신 분들이며, 어떻게 해야 고를 벗어나 영생을 얻는지 '확실히' 아시는 분들입니다. 대종사님은 "난 국민[초등]학교도 나오지 않아 세상 지식은 없다. 그러나 너희들 부처 만드는 것만은 확실히 안다."라고 말씀하셨습니다.

우리가 비행기를 탈 때 조종사를 믿듯이 우리는 진리의 길을 갈 때, 진리를 깨닫고 진리에 이르는 길을 정확히 아는 부처님의 말씀을 우선 믿고 의지해야 합니다.

이분들의 말씀은 '경전'에 담겨 있습니다. 마음공부를 시작한 사람들은 먼저 경전을 잘 읽어서 영생길을 찾는 수행법을 잘 알아야 합니다.

마조馬祖 스님은 중국의 뛰어난 선지식 중 한 명으로 달마 대사의 스승이신 반야다라 존자님도 일찍이 다음과 같은 예언을 하셨습니다. "네 밑 7대의 손에 이르러 말馬 한 마리가 출현하여 천하를 밟고 다닐 것이다." 그 예언이 전해 내려와서 육조 혜능 선사도 그의 제자인 남악 회양 스님에게 다음의 부촉 말씀을 하셨습니다. "그대 밑에 천하 사람을 밟아버리는 말이 출현할 것이다. 그 밑에 수많은 도인 제자가 나와서 불법이 크게 융성시킬 것이라고 반야다라 존자님이 예언하였으니, 그대만 알고 그를 잘 지도하라."

회양 선사께서 회상會上을 열어 법을 펴시니, 마馬씨 성을 가진 한 젊은 스님이 와서 신심을 내어 불철주야 공부를 하였습니다. 이 스님은 좌선하는 것을 최고 수행으로 알아서 한번 앉으면 자리를 뜨는 법이 없었습니다.

하루는 회양 선사가 좌선만 국집하는 그 스님의 병통을 고쳐줘야겠다고 생각하고, 좌선 중인 마조 스님에게 물었습니다.

"그대는 좌선하여 무엇 하려는고?"

"부처가 되고자 합니다."

얼마 후 회양 선사가 좌선하는 마조 스님 옆에서 벽돌을 갈기 시작했습니다. 벽돌 가는 소리가 신경이 쓰여 마조 스님은 스승에게 무엇을 하느냐고 물었습니다. 회양 스님은 이 벽돌을 갈아서 거울을 만들려고 한다고 답했습니다. 마조 스님은 웃으며 어떻게 벽돌을 갈아서 거울을 만들 수 있냐고 말했습니다.

회양 스님은, "벽돌을 갈아서 거울을 만들지 못할진대, 좌선을 한들 어떻게 부처가 될 수 있겠는가?"

마조 스님이 물었습니다.

"그러면 어떻게 해야 합니까?"

회양 스님은

"수레가 가지 않을 때 채찍으로 수레를 쳐야 하겠는가, 소를 쳐야 하겠는가?"

회양 스님은 이어 말씀하시기를

"네가 좌선을 배우려 하는데, 선은 앉거나 눕는 데에 있지 않다. 부처를 배우려 한다면, 부처 또한 결코 불변의 형상을 갖고 있지 않다. 좌상坐相에 집착하면 불교의 이치를 통달할 수 없고, 좌불坐佛은 참 부처를 죽이는 것이다. 좌선에 집착하여 취하고 버림이 있으면 결코 깨달을 수가 없다."

마조 스님은 여기에 깨달은 바가 있어서 좌선만을 고집하던 생각을 버리고, 행주좌와行住坐臥 가운데서 공부하는 길을 깨쳐서 마침내 큰 도인이 되고, 그 밑에서 수많은 선지식이 나옵니다.

차를 열심히 운전하는 것도 중요하지만, 가는 길을 정확히 아는 것이 우선이며, 그래야 목적지에 단시간에 도착할 수 있습니다. 대종사님은 "너 공부길 잡았냐?"라는 질문을 제자들에게 자주 하셨다고 합니다.

내가 나의 수행에 있어서, 또한 내 인생에서 방향, 그 '길'을 잘 잡았는지 돌아보아야 합니다. 그 길은 경전에 잘 설명이 되어 있으며, 수행인은 우선 부처님의 말씀이 담겨 있는 경전에 큰 믿음을 세우고, 이를 잘 묵상해서 공부의 방향로를 알고 수행을 시작해야 합니다.

원불교『정전』에는 경전이 다음과 같이 정의되어 있습니다.

> "경전은 우리의 지정 교서와 참고 경전 등을 이름이니, 이는 공부인으로 하여금 그 공부하는 방향로를 알게 하기 위함이요."

> 대종사 말씀하시기를 "봄바람은 사私가 없이 평등하게 불어 주지마는 산 나무라야 그 기운을 받아 자라고, 성현들은 사가 없이 평등하게 법을 설하여 주지마는 신 있는 사람이라야 그 법을 오롯이 받아 갈 수 있나니라."(신성품 11장)

4-2. 분忿

> 분忿이라 함은 용장한 전진심을 이름이니, 만사를 이루려 할 때 권면하고 촉진하는 원동력이니라.

수행에 있어서나 제반 인생사에 있어서나 뚜렷한 목적을 가지고 그 목적을 향해 가는 것이 중요합니다. 그러나 목적지로 가는 길을 안다고 해서 저절로 목적지에 도달하는 것은 아닙니다. 열심히 운전을 해야 합니다.

학교 혹은 직장 갈 때도 차가 막히는 등 짜증 나는 일이 많이 있듯, 불지로 향하는 수행길에 있어서나 혹은 인생의 어떤 목적을 이루려고 하는 데 있어서 우리는 가끔 큰 난관에 봉착하게 됩니다. 이는 항해를 할 때 파도를 만나는 것처럼 자연스러운 과정입니다. 나태심이 나거나 포기하고 싶을 때, 특히 감당하기 어려운 일이 생길 때 우리는 다시 한번 마음을 추슬러야 합니다. 나에게 목적을 향한 '용장한 전진심'이 있는가를 특히 돌아보아야 합니다.

보통의 전진심이 아니라, '용장한' 전진심이 있어야 어려움을 잘 극복하고 성큼 앞으로 나아갈 수 있습니다. 설사 좌절이나 실패했더라도 다시 도전할 수 있습니다. 또한 용장한 전진심을 스스로에게 '권면하고 촉진'해야 하는데, 이 같은 마음을 대종사님은 '분忿'이라고 하셨습니다.

분忿이라는 한자어는 원래 '화火'를 말합니다. 좌선을 할 때 이런저런 잡념이 들지만, 화가 날 때 우리 마음이 어떠합니까? 모든 잡념이 사라지고 화라는 하나의 감정만 남아 있습니다. 좋은 방향은 아니지만, 화가 날 때 우리 마음은 어떤 일심 상태에 놓이게 됩니다. 나태심이건 어떤 욕심이건, 제반 마장이 올 때 마장을 잘 극복하기 위해서는 그들을 피하거나, 미루거나, 타협하는 것이 아니라, 정면 돌파를 해야 하는 경우가 많습니다. 정산 종사님은 마장을 극복하기 위해 그 마장을 '하인에게 뺨을 맞은 것처럼, 아버지를 죽인 원수처럼 대하라'고 하시면서 분심을 강조해 주셨습니다.

부처님은 29세에 왕궁을 나와서 우주의 큰 진리를 깨치기 위해 6년간 히말라야에서 갖가지 고행을 하셨습니다. 이런 노력에도 불구하고 진리를 깨치지 못한 자신을 보며, 어느 날 보리수 밑에서 큰 결심을 하고 선정禪定에 들었습니다. '비록 내 뼈가 다 부서지고, 살이 다 썩을지라도 진리를 깨치기 전에 이 자리를 떠나지 않겠다.'

부처님은 그날 대정大定에 들었고 다음 날 이른 아침 샛별을 보고 대각을 하셨다고 합니다.

나의 부족함을 느끼고 다시 한번 목적을 향해 큰 전진심과 큰 분심을 내어야 일체의 어려움을 잘 극복할 수 있습니다.

'만사萬事를 이루려 할 때'라고 『정전』에 표현되어 있습니다. 분심이 마음공부에만 요구되는 것이 아니라, '만사' 즉 세상의 '모든' 목적을 달하게 하는 데 요구된다는 것입니다. 돈을 벌거나, 커리어를 쌓거나 등.

왜 어떤 사람은 목적을 달하는 데 긴 시간이 걸리고, 어떤 사람은 빨리 목적에 도달할까요? 왜 어떤 이는 난관을 잘 극복하고, 어떤 이는 오랫동안 헤매고 있을까요? 이는 강한 분심으로 얼마나 용장하게 잘 전진하는가에 달려 있습니다.

과거 중국의 어떤 명장이 수적으로 열세인 자기 군사를 데리고 적과 대치해야 하는 상황에 놓이게 되었습니다. 그는 부하들과 우선 다리를 건너서 적진으로 진격하고, 뒤에 있는 다리를 끊어버렸습니다. 돌아갈 길이 없어진지라, 그 전투에서 이기든 그곳에서 죽든 군사들은 결정해야 했습니다. 그 막다른 상황에서 용장한 전진심으로 최선을 다해 싸워서 그 전투에서 승리했다는 이야기가 있습니다.

내 마음 안에 어려움이 닥칠 때 이런 용감한 명장이 있는가 돌아보아야 합니다. 마음공부라는 전투에서 이기기 위해서는 다리를 누가 끊어주는 것이 아니라, 오직 내가 스스로 결정하고 행동해야 하는 것입니다.

닭, 오리 등의 가금류에는 틱, 진드기 같은 것이 붙어 살지 못합니다. 이유는 가금류의 피가 너무 따뜻하기 때문입니다. 내가 어떤 목적을 향해서 분심으로 피가 끓을 때 여러 가지 마장이 우리 마음에 자리 잡지 못하게 되며, 설사 일시적으로 우리를 흔들지라도 이들에게 속지 않고 잘 극복할 수 있습니다.

부처님을 모신 법당을 대웅전大雄殿이라고 합니다. 즉 큰 영웅을 모신 곳이라는 뜻입니다. 부처님이 큰 믿음과 분심으로 일체 고난을 극복하고 참된 영웅, 인류의 지도자가 되었듯이 우리도 어떤 분야에서 지도자가 되고 싶다면, 혹은 어려움을 극복하고 어떤 분야에서 영웅이 되고자 한다면 부처님과 같은 큰 분심을 내어야 합니다.

> 대종사 말씀하시기를 "… 수도인이 마음을 굳게 세우고 한 번 이루어 보기로 정성을 다하면 아무리 어려운 일이라도 쉬운 일이 될 것이요, 아무리 쉬운 일이라도 안 하려는 사람과 하다가 중단하는 사람에게는 다 어려운 일이 되나니라."(부촉품 12장)

4-3. 의疑

> 의疑라 함은 일과 이치에 모르는 것을 발견하여 알고자 함을 이름이니, 만사를 이루려 할 때 모르는 것을 알아내는 원동력이니라.

불지로 향해 갈 때, 혹은 어떤 인생 목적을 향해서 나갈 때 큰 믿음을 가지고 분심과 열정으로써 전진해 가는 것이 중요합니다. 그러나 그에 못지않게 중요한 것은 머리를 잘 사용해서 지혜롭게 문제를 해결하며 나아가는 것입니다.

어떤 집에 들어가려고 하는데 현관문이 잠겨 있다고 가정해 봅시다. 문을 망치로 용감히 부수고 들어가는 것도 한 방법일 수 있지만, 우선 화분 밑 등 주변에 혹시 열쇠가 숨겨져 있지 않을까 한번 찾아보는 것도 좋은 방법일 것입니다.

어떤 목적을 향해 나아갈 때 연구하며 가야 합니다. 예를 들어 좌선할 때 너무 많이 망념과 잠이 오는 경우, 그냥 열심히 지속적으로 좌선을 계속하는 것도 의미가 있지만, 때론 멈추어서 '내가 왜 이렇게 좌선 때 잠이 오지? 왜 망념이 많지?' 하며 자기 생활을 한번 반조해 보는 것도 좋은 방법입니다. 예를 들어 좌선 전에 너무 과식한다거나, 평소에 너무 정신적, 육신적으로 과로한다거나, 일상에서 마음을 흩트리는 습관이 지속된다거나, SNS에 너무 많이 시간을 소모하거나, 평상시에 말을 너무 많이 하는 등의 생활을 돌아보아, 내가 망념과 졸음을 일으키는 조건을 스스로 만들고 있지 않은지 생각해 보아야 합니다.

사업을 하거나 인간관계에 있어서 힘든 일이 생길 때 기도 등을 하는 것도 좋지만, 멈추어 서서 그 해결책을 잘 생각해 보아야 합니다.

"의疑라 함은 일과 이치에 모르는 것을 발견하여 알고자 함"이라고 했습니다.

인간관계의 해결에 있어서, 사업 혹은 마음공부에 있어서 진척이 잘 안되는 경우, 안되는 이유 즉 "모르는 것을 발견하여 아는 것"이 바로 '의疑'입니다.

뉴턴은 '인력'이라는 개념으로, 왜 밀물과 썰물이 생기며, 달이 지구를 돌며, 사과가 땅으로 떨어지는가 등 수많은 자연 현상을 설명했습니다. 어느 날 한 지인이 어떻게 그런 기발한 생각을 할 수 있었냐고 뉴턴에게 물었습니다. 뉴턴이 대답했습니다. "전 수년 동안 그것만을 생각하고 연구해 왔습니다." 연마하고 궁구하지 않고 일과 이치에 모르는 것을 발견할 수 없습니다.

부처라는 말은 산스크리트어로 '깨달은 자'라는 뜻입니다. 무엇을 깨달았다는 말인가요? 우주와 인생의 비밀, 즉 진리를 깨달았다는 것입니다.

대종사님은 어린 시절부터 우주 자연 현상에 대한 많은 의문이 걸려서, 이를 해결하고자 산신에게 물어보기 위해 수년간 어린 시절 산에서 기도도 하시고, 도사를 찾기도 하셨습니다.

부처님은 어린 시절부터 인간 고에 대해 고민했고, 인간으로 태어난 이상 생로병사의 근원적 고로부터 자유로울 수 없다는 것을 깨닫고, 어떻게 해야 생로병사를 벗어날 수 있을까 하는 의문으로써 구도를 시작하였습니다.

대종사님과 부처님 모두 우주와 인생의 '의심'으로 구도를 시작한 것입니다.

부처님은 수년간의 고행 끝에 보리수나무 밑에서 우주와 인생의 비밀을 깨달으셨습니다. 부처님은 대각을 이룬 후 숲을 나와 길을 가는 도중 한 여인을 만났습니다. 부처님 얼굴에 광채가 나서 비범한 사람이 아니라는 것을 그 여인은 쉽게 알았습니다.

그 여인은 "당신은 누구십니까?[Who are you? or What are you?]"라고 물었습니다.

부처님은 그 여인에게 "잘못된 질문을 하였다. 네가 물어야 하는 것은 'Who are you? What are you?'가 아니라 'Who am I? What am I?'이다."

즉 '참 나가 누구인가를 스스로 물어보아야 한다'라는 근본적 질문을 하라고 법문을 해 주셨습니다.

오늘날 세상 사람들은 다양한 지식을 가지고 있습니다. 정치, 문화, 주식, 암호화폐 등 많은 것에 관심을 보이며, 이에 관해 다양한 지식과 정보를 가지고 있습니다.

그러나 부처님이 그 여인에게 말씀하신 바와 같이 우리는 우리에게 가장 근원적인 질문 '내가 참으로 누구인가?' '내가 어디서 와서 어디로 가는가?'를 해야 합니다. 이 근원적인 질문에 대한 해답이 없기에 사람들은 고의 바다에서 나오지 못하는 것입니다.

인생의 본질은 고와 불만족이며, 고를 벗어나는 근원적 방법이 바로 내가 누구인지, 내 마음의 실체가 어떤 것인지를 깨닫는 것입니다. 이것이 바로 불교의 핵심입니다. 따라서 불교를 깨달음의 종교라고 합니다.

제가 오래전에 한국의 어떤 대학에서 명상과 불교 교리를 가르쳤는데 어느 날 한 대학생이 제게 물었습니다. "교무님, 전 명상, 깨달음 그런 것보다 그냥 세상에서 행복하고 성공적으로 살고 싶어요."

제가 다음과 같이 답했습니다. "그 말은 고등학생이 '난 공부에는 관심이 없고 단지 세상에서 성공하기를 원합니다.'라는 것과 같습니다. 세상에서 성공하기 위해 공부하는 것이 필요하듯, 우리가 인간 고를 근본적으로 벗어나기 위해서 참 나, 나의 마음을 깨달아야 하고, 이를 위해 신앙 수행을 하는 것입니다."

견성을 하지 못하고 해탈을 할 수 없고, 성위에 오를 수도 없다고 대종사님이 말씀하셨습니다.

많은 세상 사람 모두 행복과 영원한 자유를 원하고 있습니다. 그러나 그것을 얻는 방법을 잘 알지 못합니다. 영원한 행복과 자유를 위해 참 나를 깨쳐야 하기에, 대산 종사님은 "이 세상에서 제일 급한 것은 견성을 하는 것이다."라고 말씀하셨습니다. 그리고 "성현의 뿌리는 대각, 대각의 뿌리는 의심이다."라고 말씀하셨습니다.

사事에 관한 즉 세상사에 관한 지식을 갖추는 일은 세상을 살아가고 성공을 이루는 데 중요한 요소입니다. 그러나 사事의 지식만으로는 우리의 근원적 불행에서 벗어나기 어렵습니다. 마음의 자유와 영생을 얻기 위해서는 이理, 즉 진리에 대한 깨달음이 더없이 중요합니다. 이 깨달음은 정신 수양을 토대로 경전 공부와 의두연마를 지속할 때 비로소 가능합니다.

4-4. 성誠

> 성誠이라 함은 간단없는 마음을 이름이니, 만사를 이루려 할 때에 그 목적을 달하게 하는 원동력이니라.

대종사님은 신분의성을 말씀하실 때 "만사를 이루려 할 때에 그 목적을 달하게 하는 원동력原動力이다."라고 하셨습니다.

원동력이란 '근본이 되는 동력'이라는 뜻입니다. 세탁기, 선풍기, TV 등 전자제품이 있어도 전기가 없으면 무용지물입니다. 전기라는 '원동력'이 없기 때문입니다.

내가 신앙 수행하는 데 있어서 신분의성이라는 근본 동력, '원동력'이 있는가를 잘 살펴보아야 합니다. 신앙, 수행을 상당기간 했지만 별로 진척이 없다면 신분의성이라는 원동력이 약했기 때문일 것입니다.

"성誠이라 함은 간단없는 마음"이라 하였습니다.

수행에 있어서나 혹은 인생의 어떤 목표를 향해 나아갈 때 우리는 힘든 상황과 종종 마주칩니다. 예상치 못하게 힘든 일이 생길 때 혹은 어떤 일에 진척이 없다고 생각할 때 많은 사람이 중간에 포기합니다. 대종사님은 이를 새 옷을 입을 때 처음에는 무엇이 묻을까 조심하다가 조금 더러워지면 조심성을 놓는 것과 같다고 말씀하셨습니다.

> "사람이 무슨 일을 시작하여 한 가지도 그르침이 없을 때에는 그 일을 잘 해보려는 성의가 계속되다가도 중간에 혹 한두 번 실수를 하고 보면 그만 본래 마음을 다 풀어 버리고 되는대로 하는 수가 허다하나니, 이것은 마치 새 옷을 입은 사람이 처음에는 그 옷을 조심하여 입다가도 때가 묻고 구김이 지면 그 주의를 놓아 버리는 것과 같나니, 모든 일을 다 이와 같이 한다면 무슨 성공이 있으리오. 오직 철저한 생각과 큰 경륜을 가진 사람은 무슨 일을 하다가 혹 어떠한 실수를 할지라도 그것을 전감 삼아 미래를 더욱 개척은 할지언정 거기에 뜻이 좌절되어 당초의 대중을 놓아 버리지는 아니하나니, 이러한 사람에게는 작은 실수가 도리어 큰 성공의 바탕이 되나니라."(인도품 38장)

'간단없는 마음'이란 했다가 안 했다가 하는 게 아니라, 꾸준히 지속하는 마음입니다. 내가 인생을 이끌기 위해 '간단없는 마음' 즉 포기하지 않고 끝까지 지속하는 정성이 있는지를 돌아봅시다.

"誠者 天之道也 誠之者 人之道也" 즉 "정성이란 하늘의 도道요, 성誠을 이루는 것은 인간의 도이다." 유교의 최고 고전의 하나인『중용中庸』의 말씀입니다.

대승불교를 크게 부흥시킨 무착Asanga[300~390 AD]이라는 보살이 있습니다. 수많은 불교의 선지식 중에 보살의 칭호를 받는 분은 세친, 용수, 마명 등 몇 분에 지나지 않습니다.

무착은 젊은 나이에 불교의 교리와 수행을 통달했고 아라한의 경지에 올랐습니다. 그러나 대승불교의 핵심, '모든 것이 환영이며 마음이 짓는바'라는 가르침이 완전히 이해되지 않아 동굴로 들어가서 정진을 시작했습니다.

3년이라는 시간이 흘렀지만, 별다른 성과가 없자, 포기하고 동굴을 떠나려 했습니다. 동굴을 나서는데 우연히 동굴 입구 위에 있는 바위가 유난히 닳아 있는 것이 보였습니다. 위를 쳐다보니, 동굴 속의 박쥐가 수없이 나가고 들어오면서 긴 세월 동안 박쥐 날개가 부딪쳐 바위가 닳은 것이었습니다.

무착은 자기의 성급함을 반성하고 다시 더 3년을 공부하겠다고 다짐하고 동굴에 들어와 정진을 시작하였습니다.

그러나 3년간 각고의 노력에도 불구하고 여전히 수행의 진척이 없자 동굴을 다시 떠나려 했습니다. 동굴을 나서려는 순간 이번에는 동굴 입구 밑에 있는 바위에 구멍이 나 있는 것이 보였습니다. 어떻게 바위에 구멍이 파여있는지 궁금해서 위쪽을 보니 동굴 입구 위의 바위에 습기가 고여서 가끔 물이 한 방울씩 밑에 있는 바위에 떨어지는 것이었습니다. 수많은 세월 동안 한 자리에 물방울이 떨어져서 그 자리가 파여 구멍이 난 것입니다.

무착은 다시 한번 큰 교훈을 얻고 다시 동굴로 들어와 수행을 했고 결국 대도를 성취했습니다.

어떤 일에 성공을 하느냐 못하느냐에는 지혜와 요령도 필요하지만, 목적에 달할 때까지 포기하지 않고 끝까지 하는 마음 즉 '간단없는 마음'이 결국 성패를 좌우합니다. 특히 어렵고 힘든 상황에 직면했을 때 혹은 아무리 해도 진척이 없다고 생각될 때, 무착과 같이 포기하지 않고 다시 시작하는 용기가 성공의 열쇠가 됩니다.

에디슨이 전구를 발명하는데 6,000번 이상 실험을 했습니다. 전구 속 필라멘트와 전구 내에 들어가는 가스를 수없이 바꾸어 가며 끊임없이 실험을 한 것입니다. 에디슨은 이렇게 말했습니다. "나는 한 번도 실패하지 않았다. 단지 성공으로 가는 수천 개의 단계를 밟았을 뿐이다."

우리 인생을 성공으로 이끌기 위해서는 이러한 끈기와 간단없는 마음, 포기하지 않는 용기와 정성이 필요합니다.

필자가 출가할 당시 원불교 종법사님이던 대산 종사님께 인사를 갔습니다. 대산 종사님은 본인 숙소 옆에 있는 허름한 비닐하우스에서 손님을 접견하였습니다. 제가 출가를 하겠다고 하니 옆에 있던 시자 장산 종사님께 벽면에 있는 모계포란母鷄抱卵이라는 글귀를 설명해 주라고 하셨습니다. 모계포란이란 "어미닭이 알을 품는다."라는 뜻입니다.

닭은 잠시도 가만히 있지 못하고 안절부절못하며 돌아다니는 동물입니다. 그러나 닭이 알을 품는 21일 동안은 알 위에 가만히 앉아 자기 몸의 열을 전합니다. 가만히 앉아있는 것이 너무 힘들거나 배가 고프면 잠시 품고 있던 알을 떠나 빨리 모이를 주워 먹고 바로 돌아와서 다시 알을 품습니다.

이 같은 정성으로 21일 후에 예쁜 병아리가 부화됩니다. 어미 닭의 끈기와 정성으로 알이 부화되는 것입니다.

저는 지금도 '모계포란'이란 대산 종사님의 법문을 마음에 잘 간직하고 있습니다. 이것이 바로 '성誠'인 것입니다.

원불교 경전을 읽으면 '오래오래', '계속하여', '끊임없이' 등의 표현이 많이 나옵니다.

> "이상과 같이 오래 계속하면 … 좌선을 오래하여 그 힘을 얻고 보면…."(좌선법)

> "우리가 작업 취사 공부를 오래오래 계속하면…."(작업 취사의 결과)

> "정성으로써 계속하면 지성이면 감천으로…."(심고와 기도)

> "사람이 만일 오래오래 선을 계속하여…."(무시선법)

> "즉시 실행이 되지 않는다고 낙망하지 말고, 정성을 계속하여 끊임없는 공을 쌓을 것이니라."(수행품 2장)

성공은 포기하지 않고 꾸준히 하는 데 있지 특별한 요령에 있는 것이 아닙니다.

어떤 교무님의 경험담입니다. 그 교무님은 교학대 예비교역자 시절, 좌선 혹은 경전 공부에도 관심이 없었고 기숙사 생활이 답답했습니다. 한번은 대산 종사님께 자기는 출가 팔자가 아닌 것 같다고 고민을 이야기했습니다. 그러자 대산 종사님은 "길을 가다가 열 번 넘어져도 열한 번째 일어나면 그 사람은 성공한다. 그러나 몇 번 넘어지나 다시 일어나지 못하면 그 사람은 실패한다."라고 말씀해 주셨다고 합니다. 간단한 답변이지만 그 말씀이 큰 힘이 되어서 지금은 누구에게나 존경받는 교무님이 되었습니다.

우리 모두 어떤 목적을 향해 가다가 넘어질 수 있습니다. 그러나 포기하지 않고 다시 일어나는 이 '간단없는 마음'과 정성만 있으면 무슨 일이건 성공하지 못할 일이 없을 것이라 생각합니다.

5

생활에서의 수행

[상시 응용 주의 사항]

상시훈련법常時訓練法

공부인에게 상시로 수행을 훈련시키기 위하여 '상시 응용 주의 사항' 육조六條와 '교당 내왕 시 주의 사항' 육조六條를 정하였나니라.

대종사님은 1916년 대각을 이루시고 일제 강점기에 일경의 눈을 피하고, 정양도 하기 위해서 몇몇 제자와 함께 한동안 변산에 계셨습니다.

어느 날 대종사님은 "앞으로 세상을 구하기 위해 어떻게 법을 짜야 하겠는가?"라고 제자들에게 물으셨습니다.

대종사님은 몇몇 제자의 답변을 들은 후, 당시 19세였던 정산 종사[이후 2대 종법사가 됨] 가 "앞으로의 법은 생활에 부합되는 법이 되어야 할 것 같습니다."라고 말하자, "네 말이 정확히 맞다."라고 하셨다고 합니다.

대종사님은 산 종교와 죽은 종교, 산 수행과 죽은 수행을 명확히 구분하셨습니다. 종교와 수행이 '현실 생활'과 분리되어 있으면 그 수행과 종교는 죽은 종교와 수행이 되며, 반대로 그것이 생활과 분리되지 않고 현실 생활에서 잘 활용이 되면 산 종교, 산 수행이 됩니다. 원불교의 기본 경전인 『정전』 수행편 제

16장 '영육쌍전법'에 "이제부터는 묵은 세상을 새 세상으로 건설하게 되므로 새 세상의 종교는 수도와 생활이 둘이 아닌 산 종교라야 할 것이니라."라고 대종사님이 밝히셨습니다.

생활 불교, 산 불교가 된다는 말은 재가와 출가를 막론하고, 모든 사람이 생활 가운데 불법을 잘 사용한다는 말인데, 생활 불법의 핵심은 무엇일까요?

많은 한국인은 1977년 11월 11일에 발생한 이리역[현 익산역] 폭발 사고를 기억합니다. 열차 폭발로 인하여 이리시의 삼분의 일이 파괴되고, 많은 인명과 재산 피해[사망자 59명, 부상자 1,343명, 1,647세대 7,800여 명의 이재민 발생]가 났습니다.

사고 원인은 화약 호송 담당 직원이 이리역에 발이 묶여 밤에 술을 마시고 열차 안에서 촛불을 켜놓고 잠을 잤는데, 촛불이 침낭에 떨어졌고, 불이 다이너마이트 상자 쪽으로 번져 폭발이 일어난 것입니다.

큰 산불도 담배꽁초 하나 무심코 버려서 시작되는 경우가 많습니다. 대형 교통사고도 잠깐의 부주의로 야기되는 경우가 허다합니다. 우리 주변에는 우리가 '주의'하지 않음으로써 크고 작은 사고가 자주 일어납니다.

'주의'라는 말은 흔히 쓰는 말이지만, 이 '주의'가 바로 우리 인생을 행복 혹은 불행으로 이끌고 가는 핵심이기도 합니다. 부주의가 우리 인생을 크게 불행하게 만들 듯, 우리가 일상을 잘 '주의'하며 산다면 현실에 있어서나 수행에 있어서 큰 성공을 거둘 수 있다는 것이 대종사님의 생각입니다.

이 '주의'에 관한 가르침은 원불교 교법 중 '상시훈련법'에 잘 나타나 있습니다.

상시훈련법은 출가해서 산속 혹은 선방에서 많은 시간을 보내거나, 티베트, 인도 등지에 가서 오랜 훈련을 하지 않더라도, 현실 생활에서 마음공부를 잘할 수 있게 하고, 우리의 생활을 마음공부와 더불어 향상시키도록 하는 공부법입니다. 이 공부의 핵심은 '주의'하는 공부입니다. 즉 주의 사항을 잘 지키자는 것입니다.

상시훈련법은 '상시 응용 주의 사항'과 '교당 내왕 시 주의 사항'으로 구성되어 있습니다.

공기 중에 흔한 수소를 에너지로 쓰면 얼마나 편리하고 경제적일까요? 이런 면에서 수소차가 개발되고 상용화되듯, 우리 일상생활 속에 주의 사항을 잘 지키면 누구나 현실 가운데 깊고 효과적인 수행을 할 수 있습니다. 그리고 그 수행을 통해 나의 운명과 세상을 바꿀 수 있는 묘방이 이 '상시훈련법'에 들어 있습니다.

필자가 처음 『원불교 교전』을 읽었을 때 '주의'라는 단어가 싱겁고 평범하게 느껴졌고, 마음에 잘 와닿지 않았습니다. 그러나 수행을 할수록 이 '주의'라는 지극히 평범한 단어에 참으로 깊고 큰 진리가 숨어 있다는 것을 알았습니다. 그러므로 이 책 5장에서는 공부인이 구체적으로 무엇을 '주의'해야 하는가를 살펴보겠습니다.

5-1. 온전한 생각으로 취사

상시 응용常時應用 주의 사항

1. 응용應用하는 데 온전한 생각으로 취사하기를 주의할 것이요,
2. 응용하기 전에 응용의 형세를 보아 미리 연마하기를 주의할 것이요,
3. 노는 시간이 있고 보면 경전·법규 연습하기를 주의할 것이요,
4. 경전·법규 연습하기를 대강 마친 사람은 의두 연마하기를 주의할 것이요,
5. 석반 후 살림에 대한 일이 있으면 다 마치고 잠자기 전 남은 시간이나 또는 새벽에 정신을 수양하기 위하여 염불과 좌선하기를 주의할 것이요,
6. 모든 일을 처리한 뒤에 그 처리 건을 생각하여 보되, 하자는 조목과 말자는 조목에 실행이 되었는가 못 되었는가 대조하기를 주의할 것이니라.

"응용應用하는 데 온전한 생각으로 취사하기를 주의할 것이요" 라는 조목은 상시常時, 즉 생활 가운데 수행할 여섯 가지 조목 중 첫 번째 조목입니다.

여러분은 현재의 직업 혹은 배우자에 대해 만족하고 계신지요? 배우자와 직업은 여러분의 인생에 지대한 영향을 미치는데, 그 배우자와 직업은 과거에 여러분이 선택한 것입니다.

우리의 운명은 '선택'에 달려 있다고 해도 과언이 아닙니다. 우리가 선과 명상을 하고, 교리를 배우는 것도 결국 우리가 생활에서 '선택'과 '취사'를 잘해서 현실을 행복과 기쁨으로 넘치게 함입니다. 현실에서의 행복과 성공적 삶을 살기 위해 우리가 현실에서 주의해야 할 첫째 조목이 바로 '취할 것은 취하고 버릴 것은 잘 버리는 취사取捨' 공부입니다.

> "1. 응용應用하는 데 온전한 생각으로 취사하기를 주의할 것이요."

대종사님이 크게 아프신 적이 있었습니다. 평소에 건강하던 분이 갑자기 아프니, 제자들이 당황하여 의사 왕진을 신청했는데, 몇몇 제자가 동시에 왕진을 신청하는 바람에 상당한 비용이 들어갔고, 그 때문에 몇 명의 의사는 그냥 돌아가는 상황이 벌어졌습니다.

이를 본 대종사님은 "내가 너희에게 경전을 가르치고, 선禪을 시키는 것은 현실 상황에서 법을 잘 써먹게 하기 위함이다."라고 하시며 제자들의 지혜롭지 못한 선택을 경책하셨습니다.

'선택'과 '취사'가 바르지 못해서 우리가 아는 교리와 수행이 현실에서 살아나지 못하는 것을 대종사님은 "가지와 꽃은 아름다운데 열매 없는 나무"라고 '작업 취사' 장에서 비유하셨습니다. 실제 별 소용이 없다는 뜻입니다.

이런 시각에서 우리 수행을 실질적으로 빛나게 할 가장 중요한 주의 조목이 바로 '온전한 생각으로 취사'하는 것입니다.

> 어느 더운 여름날 대종사님은 "사람이 도를 알고자 하는 것은 용처用處에 당하여 쓰고자 함이니, 만일 용처에 당하여 쓰지 못한다면 도리어 알지 못함과 같을지라 무슨 이익이 있으리오." 라고 하며, 가지고 있던 부채를 들어 보이며 "이 부채를 가졌으나 더위를 당하여 쓸 줄을 모른다면 부채 있는 효력이 무엇이리오."(수행품 52장)

현실 생활에서 선택과 취사를 잘하면 우리 운명이 바뀝니다.

'온전'의 사전적 의미는 '본바탕 그대로 고스란히, 잘못된 것이 없이 바르거나 옳은 것'입니다. '온전'한 마음은 고요하고 편벽되지 않는 마음입니다. 이는 원불교의 삼학[三學, 정신 수양·사리 연구·작업 취사] 공부 중 정신 수양에 해당합니다. 호수 표면에 물결이 사라질 때 호수 표면은 달 모습을 온전히 비춥니다. 온전한 마음은 바른 생각과 지혜로 연결됩니다. 다시 말해, 정신 수양이 사리 연구의 바탕이 되는 것입니다.

맑고 밝은 마음에 바탕을 두어서 취사, 취할 것은 취하고 버릴 것은 버리는 공부, 즉 취사 공부를 현실에서 잘해야 합니다.

이 조목을 대산 종사님은 '동시動時 삼학'이라고 말씀하셨습니다.

다음은 상시 응용 주의 사항 1조에 관한 대산 종사님의 부연 법문입니다.(『대산종사법문집』 제1집 『정전대의』 12. 상시 응용 6조 공부)

> 1. 응용應用하는 데 온전한 생각으로 취사하기를 주의할 것이요
>
> "온전한 생각으로 취사하는 공부" [동시삼학動時三學]
>
> 1) 멈추는 공부=일을 당할 때마다 일단 마음을 멈추어서 정력定力을 쌓고=수양력=마음의 검문=일심
>
> 〔예〕 검문소 설치 출입 시 검인檢認
>
> ① 부동심을 만드는 것 ② 마음의 자유를 얻는 것 ③ 그일 그일에 일심을 만드는 것
>
> * 마음을 멈추면 멈출수록 정력이 쌓인다.

대산 종사님은 첫 번째, '멈추는 공부'인 수양 공부를 거북이와 호랑이에 비유하셨습니다.

마음이 안정되면 호흡이 가다듬어지고 가늘고 길어져서, 거북 혹은 학과 같이 긴 호흡을 하게 됩니다. 이 동물들의 수명은 아주 깁니다. 우리 호흡은 우리의 마음 상태를 반영하며, 성신

과 육신의 건강과 직결됩니다. 대산 종사님은 호랑이가 먹잇감을 향해 걸어가는 모습을 '선보禪步'라 하시며, 선보는 급하지 않고 여유 있는 걸음으로, 기운을 축적하는 걸음이라고 하셨습니다. 호랑이가 힘이 세고 맹수의 왕이 되는 것은 바로 이 같은 걸음 또는 행동 때문이라고 말씀하셨습니다.

"마음은 멈추면 멈출수록 정력이 쌓인다."라는 대산 종사님의 말씀은 우리의 육신은 사용할수록 힘이 세지지만, 마음은 멈출수록 그 힘이 강해진다는 의미입니다. 머리를 많이 쓰고 사는 현대인에게 꼭 필요한 법문입니다.

우리가 정靜할 때, 예를 들어 집에서 시간 여유가 있을 때 염불, 좌선 혹은 기도 등의 수양 방법으로 마음의 안정을 취해 정력을 쌓고, 동動할 때는, 예를 들어 직장에서 일하거나 혹은 어려운 경계를 당할 때는 "공부할 때가 돌아왔다."라는 것을 염두에 두고 잊지 말고, 여러 가지 방법으로 마음을 멈추는 공부를 생활에서 잘 실천한다면, 대산 종사님의 말씀처럼 "일을 당할 때마다 일단 마음을 멈추어서 정력定力을 쌓는" 공부를 잘하는 것입니다. 현실 가운데 일심一心을 모으며, 부동심을 만들어가면 결국 마음의 자유를 얻게 됩니다. 마음의 자유를 얻는 것이 바로 열반의 길입니다.

대산 종사님은 마음에 '검문소'를 세우라고 말씀하셨습니다. 우리가 아파트 단지 혹은 공장 대지에 들어가려면 검문소를 통과해야 합니다. 검문소가 있는 이유는 들어와야 할 사람과 들어

오지 말아야 할 사람을 구분하기 위함입니다.

저의 지인은 집에 잡상인들이 너무 많이 오고, 이들이 수시로 벨을 눌러서 개 한 마리를 입양했습니다. 낯선 사람들이 벨을 누르기 전에 개가 짖어서 물러나게 하려고 입양한 것입니다. 그러나 입양한 개는 강아지 때부터 귀하게 자란 탓에, 사람만 보면 좋다고 꼬리를 흔들고 배를 내밀며 쓰다듬어 달라고 해서 전혀 도움이 되지 않았습니다.

우리 마음에 좋은 것과 나쁜 것을 구분하지 않고 모두 통과시키면, 즉 우리 마음에 검문소가 없다면 필요 없는 정보가 수시로 들어와 마음 나라가 조용할 날이 없게 됩니다. 우리의 마음에 모든 것을 무사통과시키면, 집에 잡상인이 자주 방문하는 것과는 비교가 안 되는 큰 불행을 낳을 수 있습니다. 우리의 마음이 지치고, 좋지 않은 것에 차차 물들게 됩니다.

마음이란, 좋은 습관 들이는 데에는 많은 시간과 노력이 필요하지만, 좋지 않은 것에는 쉽게 물들어 버립니다. 마음에 '검문소'가 없다면 우리가 의식, 무의식으로 보고 듣는 모든 것이 마음에 흡수하고 저장되어 인생이 좋지 않은 방향으로 흘러가게 됩니다.

사람들은 자기 몸에 미세먼지나 불량 식품이 들어오는 것은 심각하게 생각하고, 아이들에게는 모든 것을 가려서 보고 들으라고 하면서, 좋건 나쁘건 정보들이 자기 마음에 들어오는 것은 심각하게 생각하지 않는 것 같습니다. 이는 큰 어리석음입니다. 부처님은 향을 싼 종이에는 향냄새가 나고, 생선을 싼 종이에는 생선 냄새가 난다고 말씀하셨습니다. 사람은 보고 듣는 환경의 영향을 받는 동물입니다.

우리의 마음에 철저히 '검문소'를 세워, 애초에 손님과 도둑을 잘 구분하여 귀한 손님만 들여보내야 합니다. 처음부터 적들이 우리의 마음에 쉽게 들어와서 불필요한 싸움이 일어나지 않도록 해야 합니다.

현대인은 정보의 홍수 속에 삽니다. 제 경험을 돌아보면 화가 나고 짜증이 치밀 때는 대개 정신적으로 지쳐 있을 때였습니다.

어떤 이는 유튜브 등 온라인상의 많은 동영상과 정보가 공짜라고 말합니다. 그러나 유튜브를 보는 데에는 우리의 상당한 정신적 에너지가 들어가기 때문에 마냥 공짜는 아닙니다. 우리는 상당한 정신적 비용을 지급하는 것입니다.

중국 고전 황석공의 『소서素書』에 '비막비어정산悲莫悲於精散'이라는 글귀가 있습니다. 이는 "세상에서 가장 슬픈 것은 정신 에너지를 낭비하는 것이다."라는 뜻으로, 현대인이 크게 명심해야 할 경구입니다.

대산 종사님은 "온전한 생각으로 취사하는 공부"에서 멈추는 공부 다음으로 '생각하는 공부'를 말씀하셨습니다.

> "온전한 생각으로 취사하는 공부" (동시삼학動時三學)
>
> 2) 생각하는 공부=멈춘 후 반드시 생각을 궁굴려서 바른 지각知覺

을 얻고=연구력=격물치지格物致知=혜광慧光

〔예〕 마탁된 광석, 닦아놓은 거울

* 주의

① 생각해서 미처 바른 판단이 나지 않거든 여러 사람의 생각을 합해 보라.

② 일을 당해서 미처 현명한 생각이 나지 않거든 놓아두고 생각을 기다리라.

③ 늘 쉬지 않는 생각에서는 큰 생각이 솟아나지 못한다.

마음이 안정되고 고요해지면 우리 마음에 지혜의 달이 솟아납니다. 큰 지혜와 사리 연구의 바탕은 정신 수양입니다. 이 바른 생각에 바탕해서 우리는 선택을 해야 합니다. 우리가 화가 나고 마음이 요란해졌을 때 어떤 판단이나 행동을 하면, 예를 들어 화가 난 상태에서 자식들을 훈계하거나 중요한 결정을 하게 되면 실수하기 마련입니다. 대산 종사님의 말씀처럼 "멈춘 후 반드시 생각을 궁굴려서 바른 지각을 얻어야" 합니다.

무덤에 있는 화강암 비석을 보면 반짝반짝 빛이 납니다. 땅에서 캐낸 거친 화강석을 자꾸 갈고 문질러 결국 표면에 빛을 낸 것입니다. 우리 마음도 고요한 가운데 어떤 것을 자꾸 연마, 생각하게 되면 지혜를 얻을 수 있습니다.

독일 문호 괴테는 희곡『파우스트』를 아주 젊은 시절부터 쓰기 시작했습니다. 그리고 사망 직전에『파우스트』를 탈고했다고 합니다. 천재 문호이지만 50년 이상 이 작품을 계속 생각하고 묵상하며, 고치고 또 고치는 작업을 했고, 그 속에서 명작이 탄생한 것입니다.

우리가 화두를 참구參究하거나 생사 연마를 하는 것에는 특히 많은 시간이 요구되니 평상시에 부지런히 진리를 연마해야 합니다. 화강암을 한두 번 갈고 거울처럼 되지 않는다고 포기하는 것은 어리석은 마음입니다.

“생각해서 미처 바른 판단이 나지 않거든 여러 사람의 생각을 합해 보자.”라는 대산 종사님의 법문은 지혜를 얻기 위한 중요한 말씀입니다.

제가 근무하는 원달마센터에서는 여러 가지 일들이 동시에 일어나고, 갑자기 해야 하는 일들이 종종 생깁니다. 무엇을 먼저 할 것에 관한 답이 나오지 않는 경우가 많고, 사람마다 생각이 다르기도 합니다. 그러나 아침 공사 시간에 이런저런 사항을 함께 논의하다 보면 의외로 쉽게 해결책이 나오는 경우가 많이 있습니다. 여러 명의 지혜를 모아서 쉽게 문제 해결을 하는 것이지요. 특히 수행에 있어서 우리가 어떤 문제에 봉착했을 때 혼자 이를 해결하려 애쓰는 것보다 스승님과 동지의 힘과 지혜를 빌리면 의외로 효과적으로 난관을 극복할 수 있습니다.

또한 대산 종사님은 “일을 당해서 미처 현명한 생각이 나지 않거든 놓아두고 생각을 기다리라.”라고 말씀하십니다.

저는 20대 중반 원불교로 출가하기 전, 출가해야 할지 말아야 할지, 출가한다면 조계종으로 갈지 원불교로 갈지 생각하며 고민의 날들을 보냈습니다. 참으로 갈등 많고 괴로운 시간이었습니다. 생각이 생각을 낳았고, 꼬리에 꼬리를 물고 일어났습니다.

우리가 어떤 일에 바른 생각과 판단을 하기 위해서는 우선 마음이 안정되어야 합니다. 어떤 문제를 해결하거나 답을 얻기 위해 자꾸 생각만 하는 것은 능사가 아닙니다. 일시적으로 마음을 비우고 잊어버리는 것이 바른 지혜를 얻고 바른 판단을 하는데 아주 중요한 방법입니다.

저의 경험처럼 갈등 속에서 자꾸 생각만 하면 오히려 마장이 옵니다. 모든 마장은 실지 우리 마음, 복잡한 생각에서 나옵니다. 현명한 판단을 위해서 일단 놓아버리고 편안한 마음을 가지는 것이 중요합니다. 이를 위해 산행을 한다거나 여행을 떠나거나 운동을 하는 등 다른 것에 우선 집중해서 '놓는 공부'를 하면 큰 도움이 됩니다. 생각이 생각을 낳고 갈등이 일어나는 상황에서 어떤 판단을 하게 되면 잘못될 가능성이 높습니다.

어떤 사람의 이름이 갑자기 생각나지 않을 때 애써서 생각한다고 해서 그 이름이 떠오르지 않습니다. 잠시 모든 것을 잊어버리고 어떤 다른 일을 하다 보면 저절로 그 사람 이름이 떠오르는 것처럼, 우리 마음은 텅 빈 가운데 좋은 생각과 큰 지혜가 나옵니다. 불교에서 스님들이 진리를 깨닫기 위해 선과 명상을 하는 것도 이러한 이유입니다.

대산 종사님은 "늘 쉬지 않는 생각에서는 큰 생각이 솟아나지 못한다."라고 말씀하셨습니다.

우리 머리가 비워지고 정신이 안정되었을 때 지혜가 나옵니다.

대산 종사님은 “큰 예술은 ‘잉태’되는 것이다. 낳는 것이다.”라고 말씀하셨습니다. 큰 예술도 계속된 생각에서 나온다기보다 텅 빈 마음에서 나온다는 말씀입니다.

다시 한번 “일을 당해서 미처 현명한 생각이 나지 않거든 놓아두고 생각을 기다려라. 늘 쉬지 않는 생각에서는 큰 생각이 솟아나지 못한다.”라는 대산 종사님의 말씀을 묵상해야겠습니다.

무엇보다 중요한 것은 바른 취사와 선택입니다. 이에 관한 대산 종사님의 법문은 다음과 같습니다.

3) 취사하는 공부=바른 판단을 얻은 후에 바로 취사하여 결단 있게 실천한다=취사력=정당한 결실=시중時中

〔예〕 부도 안 난 수표

① 덕행이 나타나는 것

② 중도를 잡아 쓰는 것

③ 그일 그일에 불의를 놓고 정의를 실천하는 것

대소사 간에 늘 취사할수록 시중時中이 된다.

* 공부인은 늘 습관의 굴을 뚫어 심감心鑑을 밝혀서 바른 처사를 할 것이다.

우리가 현실 경계에 당해서 바른 취사와 선택을 하지 않는다면, 마치 헬스클럽에 등록만 하고 실제 가지 않는 것과 같습니다. 바른 취사와 선택으로 연결되지 않는 신앙과 수행은 실효과가 없고, 이를 대산 종사님은 '부도난 수표'로 비유하셨습니다. 부도난 수표는 형식만 수표지, 실제로 돈을 찾을 수 있는 능력이 없습니다.

어느 날 대산 종사님은 "이가 현대인이다." 하시면서, 종이에 한 사람을 그려 보이셨습니다. 그 사람은 머리가 비정상적으로 크고, 배는 작고, 팔다리는 아주 짧은 기인의 형태였습니다. 머리가 비정상적으로 크다는 것은 현대인이 생각을 너무 많이 한다는 것이고, 배가 작다는 것은 배짱이 없고 수양이 되지 않았다는 뜻이고, 팔다리가 아주 짧다는 것은 실행이 약하다는 것을 뜻합니다. 우리가 수행한다고 하지만 혹시 이런 모습이지는 않은지 반조해야겠습니다.

대산 종사님은 실행 공부는 '결단 있게' 하라고 당부하셨습니다. '결단 있게' 한다는 것은 용감하게, 그리고 때론 죽기를 각오하고 실행하는 마음을 말합니다. 나쁜 습관을 이런 결심 없이 고칠 수 있습니까? 용서하기 어려운 사람을 이런 강한 결심 없이 용서할 수 있겠습니까?

취사력 공부에 대한 방법으로 대종사님은 다음을 제시해 주셨습니다.

대종사 말씀하시기를 "동하고 정하는 두 사이에 취사력 얻는

> 빠른 방법은, 첫째는 정의인 줄 알거든 크고 작은 일을 막론하고 죽기로써 실행할 것이요. 둘째는 불의인 줄 알거든 크고 작은 일을 막론하고 죽기로써 하지 않을 것이요. 셋째는 모든 일을 작용할 때에 즉시 실행이 되지 않는다고 낙망하지 말고, 정성을 계속하여 끊임없는 공을 쌓을 것이니라."(수행품 52장)

대산 종사님은 취사 공부의 첫째 조항은 "그일 그일에 불의를 놓고 정의를 실천하는 것"이며, 취사 공부는 "중도를 잡아 쓰는 것"이라고 말씀하셨습니다.

제가 『정전』을 처음 읽었을 때 사연사조捨捐四條, 즉 우리가 수행하는 데 있어서 버려야 할 4가지[불신·탐욕·나·우] 조항 중 하나인 '탐욕'이 다음과 같이 정의되어 있는 것에 놀랐습니다. "탐욕이란 모든 일을 상도에 벗어나서 과히 취함을 이름이니라."

저는 '탐욕'이란 좋지 못한 것을 원하고 취하려는 마음이라 생각했는데, 대종사님은 좋지 못한 것뿐만 아니라 '모든 일'이라고 말씀하셨습니다. 즉, 좋은 것도 과하게 취하려고 하면 탐욕이라는 것입니다.

오래전 중국에서 어떤 사람이 명궁이 되기 위해, 당시 유명한 명궁을 찾아갔습니다. 그 사람은 명궁에게 활을 잘 쏘는 방법을 빨리 배워 명궁이 되고 싶다고 말했습니다. 그리고 활을 잘 쏘기 위해서 몇 년간 공부하고 연습해야 하는가를 물었습니다. 명궁은 "최소한 십 년은 걸립니다."라고 말했습니다.

그 사람은 그만큼 많은 시간이 없으니 몇 년 안에 다 배울 수

없느냐고 물었습니다. 그러자 그 명궁은 “당신은 아마 이십 년 걸릴 것입니다.”라고 말했다고 합니다.

우리가 수행을 하든, 무슨 일을 하든 간에 조급한 마음은 금물이며, 여유 있는 마음으로 중도행을 하는 것이 목적을 이루는데 최선이라는 것을 알아야 합니다. 활을 최대한으로 당기는 것보다 약간 여유 있게 적당히 당기는 것이 화살을 가장 멀리 가게 하는 방법입니다.

대산 종사님은 젊으실 때 수행에 조급증이 났다고 합니다. 빨리 불과佛果를 얻으려는 마음에 도리어 마음이 안정되지 않았고, 공부가 더디었다고 합니다. 어느 날, ‘부처님도 도를 이루시는데 500생을 닦았다고 하니 나는 5억생을 닦아야겠다.’라는 생각이 떠올라, 한 생각 돌리고 나니 마음에 여유가 생기고 공부가 더 잘 진척되었다고 합니다.

마음공부의 핵심을 정산 종사님은 “마음을 여유 있게 쓰라.”라고 하셨습니다. 중도행의 진리는 수행뿐 아니라 모든 일을 성취하는데 명심해야 할 영원한 진리입니다.

> 대종사, 선원 대중에게 말씀하시기를 “한 사람이 염소를 먹이는데 무엇을 일시에 많이 먹여서 한꺼번에 키우는 것이 아니라, 키우는 절차와 먹이는 정도만 고르게 하면 자연히 큰 염소가 되어서 새끼도 낳고 젖도 나와 사람에게 이익을 주나니, 도가에서 도를 깨치게 하는 것도 이와 같나니라.”(성리품 28장)

대산 종사님은 취사는 또한 "덕행德行이 나타나는 것"이라고 말씀하셨습니다.

대종사님은 천지의 도道가 행해짐에 따라 나타나는 것이 덕德이라고 하셨습니다. 나의 판단과 취사가 잘되었는지 아닌지를 알아보는 방법은 바로 나의 행동이 주위에 덕德을 나투고 있는가를 보는 것입니다.

대산 종사님은 취사에 있어서 '시중時中'을 강조하셨습니다. 즉, 때와 장소 등 모든 것이 상황에 맞아야 합니다. 예를 들면 아무리 좋은 충고라도 상황이나 상대에 따라 적절해야 효과가 있는 것이지요.

대산 종사님은 "온전한 생각으로 취사"하는 데 있어서 "공부인은 늘 습관의 굴을 뚫어라."라고 말씀하셨습니다.

부지런하고 게으르고, 남 흉보고 자기 자랑하는 등 우리의 모든 선행과 악행은 습관에 따라 일어나는 경우가 허다합니다. 습관이 우리 운명을 결정짓는다고 해도 과언이 아닐 것입니다.

습관을 좋게 바꾸지 않고 바른 취사를 기대하기란 어려운 일입니다. 좋은 습관을 만들면 바른 취사가 아주 쉽게 됩니다. 좋은 습관을 만든다는 것은 우리 인생에 있어서 근본을 바루는 것입니다.

배가 항구에 있는 것은 정박 자체가 목적이 아니라, 정비한 후에 넓은 바다로 나가기 위함입니다. 우리의 인생을 바꾸기 위해 "온전한 생각으로 잘 취사"하는 것이 신앙과 수행의 목적이라는 것을 잊지 말아야 합니다.

> 정산 종사 말씀하시길 "송죽의 가치를 상설霜雪이 드러내듯이 공부인의 가치는 순역 경계가 드러내나니, 각자에게 난관이 있는 때나 교중에 난관이 있는 때에 그 신앙의 가치가 더 드러나고 그 공부의 가치가 더 드러나나니라. 국가에서 군인을 양성하는 것은 유사시에 쓰자는 것이요. 도인이 마음공부를 하는 것은 경계를 당하여 마음 실력을 활용하자는 것이니라."(권도편 31장)

상시 응용 주의 사항 1조가 '상시훈련법'에 있어서 가장 중요하기에, 대산 종사님은 이 1조에 관해 "본교의 교리는 양 시대에 표준이 짜여 있으며, 수행의 핵심이 여기에 있으며, 보통급에서 여래위까지 이 공부를 단련해야 한다."라고 말씀하셨습니다.

5-2. 미리 연마

2. 응용하기 전에 응용의 형세를 보아 미리 연마하기를 주의 할 것이요.

사탄들이 어느 날 모임을 가졌습니다. 최근 많은 사람이 선과 명상에 관심을 가지고 수행해서 자기들 영역이 계속 침범 당하자, 어떻게 해야 흑암 세력을 잘 지킬 수 있을지를 토의하기 위해서였습니다.

한 사탄이 제안합니다. "진리와 영적인 데 관심을 가지는 사람들을 다 죽이는 것이 어떠하겠냐?"

다른 사탄이 반대했습니다. "과거 기독교 역사를 보라. 한 순교자가 나오면 다른 순교자가 따라 나온다. 이는 좋은 방법이 아니다."

한 사탄이 제안하기를 "그러면 그들을 다 감옥에 가두는 것이 어떨까?" 다른 사탄이 말했습니다. "그것도 소용없다. 감옥 속에도 그들은 경전을 읽고, 명상과 기도를 하니…."

한 나이 많은 사탄이 다음을 제안했습니다. "단지 사람들 마음에 한 생각만을 심어주자. 오늘 해야 할 일을 내일, 혹은 다음으로 미루어도 된다고…."

다들 경험 많은 그 사탄 말에 동의했고, 계획은 크게 성공했다고 합니다.

어떤 일을 미루지 않고 미리 잘 연마하고 준비한다면 우리 인생이 얼마나 달라질까요? 나의 아내 혹은 남편이, 우리 자식들이 그렇게 산다면 그들 인생이 얼마나 달라질까요? 성공하는 사람과 성공하지 못하는 사람의 차이는 아마 미리 연마하고 준비하는 것이라고 해도 과언이 아닐 것입니다.

"응용하기 전에 응용의 형세를 보아 미리 연마하기를 주의할 것이요"가 '상시 응용 주의 사항' 중 하나입니다. 미리 연마하고 준비하는 것이 어쩌면 규칙적으로 명상하고 경전 공부하는 것보다 더 중요한 것일 수 있습니다.

통계에 따르면 세상 사람 중 93%가 미루는 습관이 있다고 합니다. 그리고 20% 정도는 이것을 고질적 습관으로 가지고 있다고 합니다.

미루는 습관은 동서고금에 만연합니다. 이것은 열매 맺는 삶의 주된 적이기에, 과거 BC 1750년 함무라비 법전에도 '게으름 방지법'이 있었습니다. 함무라비법 53조에 따르면 "어떤 사람이 자기 댐을 잘 관리하지 않아서 그 댐이 터져서 벌판에 물난리가 나면, 그 사람은 팔리고 그 돈은 피해받은 사람에게 곡식으로 바꾸어져서 지급된다."

미리 준비하는 것이 모든 일을 성공으로 이끄는 좋은 방법이라는 것을 사람들은 잘 알지만, 왜 이 습관을 잘 들이지 못하는 것일까요?

많은 사람이 자기가 '선천적'으로 게으르므로 미리 준비하는 것이 잘되지 않는다고 합니다. 그러나 연구에 따르면 미루는 습관의 주된 이유가 단지 게으르기 때문이 아니라고 합니다.

게으르므로 해야 할 일을 미룬다고 말하는 사람들도 어떤 취미 혹은 자기가 좋아하는 일[관심 있는 책의 독서, 혹은 주식 혹은 암호화폐 공부, 힘든 산행]에는 많은 돈과 시간을 들여서 하고, 전혀 미루지 않습니다. 선천적으로 게을러 미룬다고 하면 모든 분야에서 미루는 경향을 보여야 하는데, 자기가 관심을 가지는 분야는 전혀 미루지 않고 열심히 하는 것입니다.

한 연구에 따르면 사람들이 미루는 습관을 지니고 있는 이유는, 결과에 '염려'와 '공포'를 느끼기 때문이라고 합니다. 이것을 성취하지 못하면 어쩌나, 실패해서 망신을 당하면 어떻게 하나, 혹은 만족하지 못한 결과가 나오면 어떻게 하나 등의 많은 생각과 염려와 공포가 실제 미루는 습관을 일으킨다는 것입니다.

필자의 한 지인은 젊은 시절 과음으로 인해 간이 크게 손상되었습니다. 중년이 되어 건강이 악화되자 주변 사람들이 종합검사를 받아 보라고 권했습니다. 그러나 이 친구는 혹시 간이 더 악화하지 않았을까, 혹은 다른 장기에도 심각한 문제가 있지 않았을까 등의 두려움으로 종합진료 받는 것을 계속 미루어 왔습니다.

완벽주의 성향이 강한 사람일수록, 자존심이 강한 사람일수록, 기대치가 높은 사람일수록 이런 불안과 염려, 공포감이 커집니다. 그래서 자기가 해야 할 일을 미루다가 당일에 닥쳐서야 하거나, 아니면 마지막 단계에서 포기해 버리기도 합니다. 성공할 가능성이 거의 없어 보이기 때문입니다. 저 역시 대학시절, 공부를 많이 해야 하는 과목인데 어떤 이유로 미리 충분히 준비하지 못한 경우, 시험 전날 긴장감 때문에 오히려 더 집중이 안 되고 포기하고 싶은 마음이 들곤 했습니다.

어떻게 해야 미리 연마하고 준비하는 것을 습관화할 수 있을까요?

내가 미리 연마하고 준비하지 않는 습관이 있다면, 우선 내 마음을 잘 살펴서 미루는 성향의 정확한 원인을 잘 파악하는 것이 중요합니다.

예를 들어 내가 완벽주의 성향이 있어서 결과에 대한 염려와 불안 때문에 미루는 성향이 있다면, 아주 '조금씩 조금씩' 미리 준비하는 것도 좋은 방법입니다. 책 전체를 다 외우고 공부하는 것이 힘들기에 미리미리 한 장씩 공부해서 준비해 봅시다. 왜냐하면 시험에 닥쳐서 책 전체를 공부하려면 마음이 안정되지 않고, 염려와 공포가 심해져서 포기해 버리고 싶은 마음이 더 나기 때문입니다.

영어 공부를 하거나 사법 고시를 준비하는 등 목표가 클수록 미리 연마하고 준비해야 마음의 안정도 쉽게 얻고 효율적으로 임할 수 있습니다. 물론 당장 시작하고 미리 준비한다는 게 쉽지 않은 것도 사실입니다. 그렇다고 준비를 미루면 좋지 않은 결과를 피할 수 없습니다. 다가올 결과를 잘 생각하고 지혜롭게 미리 준비해야 합니다. 잡초가 크게 자라기 전, 어릴 때 뽑으면 시간과 공력이 훨씬 덜 듭니다. 비행기표를 예매할 때도 미리 하면 가격도 저렴하고 좌석 선택의 폭도 넓습니다. 미리 연마하고 준비하는 것이 모든 일을 성공으로 이끄는 좋은 방법입니다.

그러나 준비가 잘 되었건 못 되었건 막상 일을 당해서는 진인사 대천명盡人事待天命의 자세로 '놓는 공부'를 잘 해야 합니다. 내가 진리대로 일을 하면, 내가 놓아도 진리가, 사은님이 채워주시고 이끌어주신다는 믿음을 가지고 편히 '놓는 공부'를 하여야 합니다.

> 대종사 말씀하시기를 "일이 없을 때는 항상 일 있을 때 할 것을 준비하고 일이 있을 때는 항상 일 없을 때의 심경을 가질지니, 만일 일 없을 때 일 있을 때의 준비가 없으면 일을 당하여 창황전도蒼惶顚倒함을 면하지 못할 것이요, 일 있을 때 일 없을 때의 심경을 가지지 못한다면 마침내 판국에 얽매인 사람이 되고 마나니라."(수행품 10장)

미루는 습관의 다른 요인으로는 우울증 및 집중력 장애가 있습니다. 이 경우에는 습관이 문제가 아닙니다. 우선 전문가의 상담을 받아서 습관의 뿌리가 되는 심리를 잘 치료받아야 합니다.

또는 동기부여가 충분히 되지 않아서 해야 할 일을 미루기도 합니다. 산꼭대기에 천 원이 있다고 해서 그 산에 갈 사람은 많지 않을 것입니다. 그러나 수천만 원이 있다고 하면 많은 사람이 산꼭대기에 가려고 할 것입니다. 그리고 수십억 원이 있다고 하면, 그 말을 듣는 순간 사람들이 밤중이라도 그곳에 가려고 할 것입니다.

어떤 일에 있어서 나의 게으름 혹은 미루는 습관을 염려할 것이 아니라, 그 일을 왜 해야 하고, 내 인생의 성공과 얼마나 직결이 되는가 등을 잘 생각해 보아야 합니다. 해야지, 해야지 결심만 하거나 하지 않고 후회할 일이 아니라, 한발 물러나서 객관적으로, 그 일과 내 인생의 관계를 깊이 묵상해 보는 것이 중요합니다. 예를 들어 경전 봉독이나 선과 명상을 해야지, 해야지 결심만 할 것이 아니라, 그것을 왜 해야 하고, 내 인생에 실제로 어떤 도움이 되는지를 잘 생각해 보면 동기 부여가 됩니다. 좌선의 효과를 쓴 의학적 글을 읽거나 좌선을 열심히 하는 친구의 경험담을 들어도 동기 부여가 됩니다. 필자는 좌선이 영생 문제를 해결하고 진리를 깨닫는데 얼마나 중요한 것인가를 알고 난 후, 시간 날 때 좌선 수행하는 것이 자연스러운 생활 습관이 되었습니다.

계문을 지키는 것도 마찬가지입니다. 그냥 지켜야지 지켜야지 하고 막연하게 생각할 것이 아니라, 계문을 지킬 때와 않을 때의 결과에 대한 인과관계를 공부하거나, 계문을 지키거나 파계하는 것이 얼마나 나의 죄복과 인생에 영향을 주는지를 공부하게 되면 저절로 계문을 지키게 됩니다. 대종사님은 동선, 하선 중 계문을 강의하실 때 계문을 지키는 것과 파계하는 것의 인과관계와 그 결과를 자세히 설명해 주셨다고 합니다.

건강한 음식 섭취건, 다이어트건, 운동이건, 그것이 왜 내 인생에서 중요한 것인가 하는 것을 분명히 알게 되면 쉽게 동기부여가 되고 열정이 솟아 중요한 일들을 미리 잘 준비하고 미루지 않게 됩니다.

또 다른 미루는 이유는 우리들의 정신적, 육신적 피로입니다. 이 경우에는 미루는 것이 문제가 아니라 휴식을 잘 취하는 것이 우선입니다. 개구리를 보면 멀리 뛰기 전에 일단 웅크립니다. 유대교, 기독교에서 안식일에 일체 정신적·육신적 활동을 금하는 것도 이후 더 큰 집중으로 전진하기 위함입니다.

제주도 해녀들은 수영에 익숙하고 바다 경험이 풍부한 분들입니다. 그러나 이들도 가끔 바다에서 사망한다고 합니다. 해녀들은 보통 수심 10~15m 정도의 바다 밑에 있는 전복, 조개 등을 채취합니다. 이를 위해 숨을 참고 물속에서 일하다 숨을 내쉬기 위해 수면으로 나옵니다.

그러나 수면으로 나오는 도중 바다 밑에 있는 전복 등이 눈에 띄는 경우가 종종 있다고 합니다. 어떤 해녀는 이를 채취하기 위해 다시 숨을 참고 바다 밑으로 잠수한다고 합니다. 수면 위로 올라와 숨을 쉬고 다시 바다에 들어가면 전복이 보이지 않거나 도망가 버리기 때문입니다. 전복은 흡착력이 좋아 바위에 강하게 붙어 있어 이를 채취하려면 시간이 걸리기에 다시 한번 숨을 참고 일하는 동안 산소 부족으로 기절해서 죽기도 한다고 합니다.

어떤 목표를 위해 최선을 다하는 것도 좋지만, 때론 모든 것을 놓고 쉴 줄 아는 중도의 지혜와 용기가 필요합니다. 항상 무엇에 쫓기는 마음으로 불안하게 산다면 설사 어떤 목표를 이룬다 해도 무슨 의미가 있겠습니까?

"온 천하를 얻어도 목숨을 잃으면 무슨 유익이 있으리오?"(마가8:36)

미루는 습관을 연구하는 심리학자들에 따르면, 현대 사회로 올수록 미루는 습관이 점점 더 심화된다고 합니다. 게으른 성향 때문에 심하게 미루는 경향이 있다고 대답한 사람이 1970년대에는 10%가 되지 않았지만, 오늘날에는 30% 이상이 그렇다고 대답한다고 합니다.

미루는 습관이 증가한 이유를 학자들은 사회적 환경 변화라고 말합니다. 예를 들어 공부, 운동, 일 등 해야 할 일을 하지 않고 미룰 때, 과거에는 TV를 보거나 방에서 빈둥거림으로써 해야 할 일을 미루곤 했는데, 오늘날에는 각종 오락과 유튜버의 영상, 온라인 쇼핑 등 우리를 자극하고 달콤하게 유혹하는 것들이 너무 가까이 있습니다. 예를 들어 도박을 끊으려고 하는 사람이 과거에는 라스베이거스에 가지 않는 것을 목표로 삼았다면, 오늘날에는 온라인 도박때문에 그 유혹이 바로 내 방 안에 있습니다. 또한 할 일을 하지 않고 미룰 때 주는 보상이 더 감각적이고 강하기에 오늘날 미루는 습관이 점점 강화되는 것입니다.

우리가 이러한 사회 환경을 바꿀 수는 없습니다. 나태하고 미루는 습관이 있다면 자기 자신을 유혹이 적은 환경에 놓아야 합니다.

고시원은 협소하고 좋지 않은 환경입니다. 그러나 사법고시 등을 준비하는 학생들은 그들의 안락한 공간을 떠나 불편을 감수하고 여기서 공부합니다. 왜냐하면 주변에서 다들 열심히 공부하므로, 자기가 항상 자극을 받아 더 공부할 수 있기 때문입니다. 집에서도 요가하고 운동할 수 있지만, 굳이 헬스클럽에 가는 것도 같은 이유입니다. 집에서도 경전을 보고, 선과 명상, 기도를 할 수 있지만, 교당 혹은 선방에 가면 유혹을 물리치기 쉽고 효과적으로 마음공부 할 수 있습니다. 공부가 미숙하다고 생각되면 우선 자기 자신을 유혹이 적은 환경에 놓아야 합니다.

미리 연마하고 준비를 하는데 '형세를 잘 보는 것'도 중요합니다. "응용하기 전에 응용의 형세를 보아 미리 연마하기를 주의할 것이요."

한때 카메라 필름을 생산하는 코닥 회사는 일본 굴지의 기업이었습니다. 디지털카메라도 코닥 회사에서 처음 개발되었습니다. 사람들이 차차 디지털카메라를 쓰기 시작했으나, 코닥에서는 이 추세를 예측 못 하고 필름을 더 잘 만드는 데 노력했습니다. 나중에 소니 회사가 디지털카메라를 개발하는 데 성공, 생산·판매하여 막대한 돈을 벌게 되었고, 코닥 회사는 위기를 맞게 됩니다. 오늘날은 디지털카메라를 사용하는 사람도 거의 없습니다. 핸드폰에 그 기능이 있기 때문입니다.

어떤 목적지에 빨리 가려고 아침 일찍 일어나서 열심히 운전하는 것도 좋지만, 어떤 길에 교통량이 얼마며, 어느 때 차가 많이 밀린다는 등 '응용의 형세'를 잘 파악하는 것이 중요합니다. 형세를 파악하지 않고 일에 큰 성공을 보기가 힘듭니다.

딥 러닝Deep Learning, 구글 번역기 등 온라인 자동 번역기가 나오니, 많은 번역가가 하루아침에 직업을 잃게 되었습니다. 챗지피티ChatGPT가 출시되니 많은 그래픽 디자이너, 광고 카피라이트, 극작가들도 같은 어려움을 겪고 있습니다. 어떤 벤처기업의 젊은 사장님은 자기가 15년 동안 연구 노력한 것이 챗 지피티ChatGPT의 등장으로 한순간에 물거품이 되었다고 했습니다.

미리 연마하고 준비하는 데 있어 시대의 흐름 등 '응용의 형세'를 미리 연마하는 것이 인간관계나, 사업이나 모든 일을 성공으로 이끄는 데 주요합니다. 무엇이 잘 안되면 왜 안 되는가를 미리 연구하고 '응용의 형세를' 잘 파악해야 합니다.

구약성경의 선지자 노아는 어느 날 하나님으로부터 인류가 물로 심판받을 것이라는 계시를 받았습니다. 하나님은 노아에게, 선택된 사람과 생령을 위해 배를 만들라고 했습니다.

노아가 계시를 받고 가장 먼저 한 것은 나무를 심는 일이었습니다. 노아가 배를 완성하기까지 120년이 걸렸다고 합니다. 큰 일일수록 미리 연마하고 준비해야 합니다. 성공에 특별한 비법이 있는 것이 아닙니다.

대산 종사님은 신년법문을 내기 3개월 전에 미리 법문을 벽에 붙여놓고 계속 연마하며 수정하셨다고 합니다.

옛날 왕을 암살하는 방법의 하나는 아주 소량의 독이 든 음식을 왕에게 먹이는 것이었습니다. 독이 소량이지만, 음식을 계속 먹은 왕은 차차 병들어 죽게 됩니다. 게으름과 미루는 습관은 우리 영혼에 있어서 소량의 독과 같습니다. 우리를 금방 파멸시키는 것은 아니지만, 서서히 우리의 행복과 성공을 무너지게 합니다.

인생을 성공으로 이끌기 위해 이 독소를 반드시 제거해야 하며, 이를 위해 상시 응용 주의 사항 2조를 잘 연마 실천해야 하겠습니다.

2. 응용하기 전에 응용의 형세를 보아 미리 연마하기를 주의할 것이요.

5-3. 경전 연마

3. 노는 시간이 있고 보면 경전·법규 연습하기를 주의할 것이요.

1983년, 민간인 269명을 태운 KAL 여객기가 미국 JFK 공항을 출발해서 한국으로 오는 도중 조종사의 실수로 경로를 이탈했습니다. 비행기가 소련 상공으로 들어가게 되었고 소련 전투기가 미사일을 발사해서 한순간에 민간인 탑승자 전원이 사망하는 비극이 일어났습니다. 조종사의 실수가 이 같은 큰 참사를 초래한 것입니다. 문제의 근본은 그 비행기가 가야 할 경로를 이탈한 데 있습니다.

우리 인생도 마찬가지입니다. 삶을 살면서 여러 난관과 고통을 겪기 마련인데, 부처님 말씀에 따르면 인간 고통의 주 원인은 우리가 '마땅히 가야 할 길', '진리의 길'을 가지 않기 때문입니다.

도가에서는 진리를 도道라 하는데, '길'이라는 뜻입니다. 우리가 낯선 곳을 운전해 갈 때 내비게이션이 길을 안내하듯, 인생길에서도 좌선의 길을 모를 때가 있습니다. 그렇다면 우리는 그 길을 어떻게 알 수 있을까요?

바로 불보살들의 가르침이 담겨있는 '경전'이 그 길을 제시합니다.

> "성인이 나시기 전에는 도道가 천지에 있고, 성인이 나신 후에는 도가 성인에게 있고, 성인이 가신 후에는 도가 경전에 있다."(무본편 52장)

식당에 가서 스테이크를 주문하면 날로 된 고기와 채소가 그냥 나오지 않습니다. 먹기 좋은 크기로 썰어져서 그리고 잘 익혀져서 나옵니다. 경전은 진리를 담고 있지만, 우리가 현실 생활에서 진리를 어떻게 알고 활용할 것인가에 초점이 맞추어진, 먹기 좋게 잘 익혀 나온 음식이라 할 수 있습니다. 경전은 우리에게 풍족하고 자유롭게 사는 길을 가르쳐 주는 인생 교과서이자 안내서입니다.

원불교 『정전』에 '경전'은 다음과 같이 정의되어 있습니다. "경전은 우리의 지정 교서와 참고 경전 등을 이름이니, 이는 공부인으로 하여금 그 공부하는 방향로를 알게 하기 위함이요."

경전은 "공부하는 방향로를 알게 하기 위함"이라 말씀하셨습니다.

우리가 목적지에 가기 위해 운전을 열심히 하는 것도 중요하지만, 방향을 모른다면 열심히 운전하는 것이 의미가 없습니다.

> 송벽조宋碧照 좌선에만 전력하여 수승화강을 조급히 바라다가 도리어 두통을 얻게 된지라, 대종사 말씀하시기를 "이것이 공부하는 길을 잘 알지 못하는 연고라, 무릇 원만한 공부법은 동과 정 두 사이에 공부를 여의지 아니하여 동할 때는 모든 경계를 보아 취사하는 주의심을 주로 하여 삼대력을 아울러 얻어 나가고, 정할 때는 수양과 연구를 주로 하여 삼대력을 아울러 얻어 나가는 것이니, 이 길을 알아 행하는 사람은 공부에 별 괴로움을 느끼지 아니하고 바람 없는 큰 바다의 물과 같이 한가롭고 넉넉할 것이요, 수승화강도 그 마음의 안정을 따라 자연히 될 것이나 이 길을 알지 못하면 공연한 병을 얻어서 평생의 고초를 받기 쉽나니 이에 크게 주의할지니라."(수행품 40장)

많은 수행인이 열심히 공부하지만, 종종 그 '방향로'를 몰라서 고전하는 경우가 많습니다. 사람들은 인생을 자유롭고 행복하게 살기를 원하지만, 그 '방향로'와 '길'을 모르기에 많은 사람들이 고통 속에서 살고 있습니다.

대종사님은 제자들에게 "너 공부길을 잡았나?"라고 자주 물어보셨다고 합니다. 수행에 있어서나 혹은 인생의 어떤 목적을 이루는 데 있어서 정확한 '길', 최선의 '방향로'를 아는 것이 중요합니다.

한국에서 최대 불교 종단은 조계종이며, 선종禪宗을 기반으로 간화선을 선법으로 하고 있습니다. 필자는 출가 전 좌선에 관심을 가졌는데, 20대에 필자 생각으로는 화두를 들고 좌선하는 것이 더 적극적으로 깨달음에 가는 지름길인 것 같았습니다. 따라서 좌선할 때 한동안 화두를 들고 선을 했습니다. 그러나 노력에 비해 안정이 잘되지 않았고, 집중도 또한 떨어졌습니다. 어느 날 원불교 경전을 읽고서 선법을 바꾸었고 그 후 좌선이 잘 되었습니다.

다음은 필자가 읽은 『정전』과 『대종경』, 『정산종사법어』의 구절입니다.

> "간화선은 사람을 따라 임시의 방편은 될지언정 일반적으로 시키기는 어려운 일이니, 만일 화두話頭만 오래 계속하면 기운이 올라 병을 얻기가 쉽고 또한 화두에 근본적으로 의심이 걸리지 않는 사람은 선에 취미를 잘 얻지 못하나니라. 그러므로 우리는 좌선하는 시간과 의두 연마하는 시간을 각각 정하고, 선을 할 때에는 선을 하고 연구를 할 때에는 연구하여 정과 혜를 쌍전시키나니, 이와 같이 하면 공적空寂에 빠지지도 아니하고 분별에 떨어지지도 아니하여 능히 동정 없는 진여성眞如性을 체득할 수 있나니라."(제3수행편, 제4장 좌선법)

> 대종사 선원 대중에게 말씀하시기를 "근래에 선종 각파에서 선의 방법을 가지고 서로 시비를 말하고 있으나, 나는 그 가운데 단전주丹田住법을 취하여 수양하는 시간에는 온전히 수양만 하고 화두 연마는 적당한 기회에 가끔 한 번씩 하라 하노니, 의두 깨치는 방법이 침울한 생각으로 오래 생각하는 데에만 있

는 것이 아니요, 명랑한 정신으로 기틀을 따라 연마하는 것이 그 힘이 도리어 더 우월한 까닭이니라."(수행품 14장)

정산 종사 말씀하시기를 "그대들이여 화두를 들고 지내는가. 화두를 연마하는 데에는 의리선 여래선 조사선을 차서 있게 병행함이 옳으나, 과거의 선방 공부 같이 온종일 화두만 계속할 것이 아니요 화두를 마음 가운데 걸어 놓고 지내다가 마음이 맑고 조용할 때 잠깐잠깐 연구해 볼지니라. 그러하면 마치 저 닭이 오래오래 알을 품고 굴리면 그 속에서 병아리가 생기듯 마음의 혜문慧門이 열리리라."(권도편 38장)

경전은 마음공부의 방향을 잡아 주기에, 많은 불교 종단에서는 처음 출가한 승려들이 선방에서 본격적으로 참선 공부를 하기 전 최소한 몇 년간 경전 공부를 하도록 합니다.

"수행 없는 이해는 공허하고, 이해에 바탕을 두지 않는 수행은 장애를 초래한다." 어떤 선지식의 말씀입니다. 하루 종일 지도만 들여다본다고 목적지에 도달하는 것이 아니며, 지도 없이 무작정 모르는 길을 운전하는 것도 의미가 없다는 말입니다.

부처님은 "삼가 너희는 네 생각을 믿지 마라."라고 하셨습니다. 특히 초보 수행자일수록 경전을 가까이하며 공부길, 인생길을 자주 점검 받아야 합니다.

필자가 처음 미국에 와서 뉴욕 센트럴 파크에서 열린 달라이라마 집회에 참석한 적이 있었습니다. 필라델피아에서 뉴욕까지 운전해서 센터럴 파크에 도착했는데 공원 입구에 사람들이 어찌나 많이 모였는지 기다리는 줄이 길어 입구에서 법회 장소로 들어가는데 3시간 이상 걸렸습니다.

석가모니 부처님이 직접 뉴욕에 오셔서 법문하신다고 생각해 봅시다. 예수님이 직접 로마에 오셔서 법문하신다고 생각해 봅시다. 아마 세계 각처에서 뉴욕이나 로마로 가려는 사람들로 비행기표 구하기도 힘들 것입니다.

우리는 뉴욕, 로마에 갈 필요가 없습니다. 부처님과 예수님의 말씀이 이미 불경과 성경에 다 들어있습니다. 경전을 펼치기만 하면 됩니다. 이렇게 진급한 시대, 좋은 세상에 태어난 우리는 행운아입니다.

우리는 세수한 후, 또는 외출 전 거울을 봅니다. 세수 후 얼굴이 깨끗해졌는지, 옷을 바로 입었는지 확인하기 위함입니다. 세수 후 혹은 외출 전 거울을 보지 않아도 우리 얼굴과 옷 상태는 대충 알 수 있습니다. 그러나 우리 모습을 정확히 알지는 못합니다.

경전을 보는 것도 마찬가지입니다. 우리가 어떤 문제를 해결하려고 하거나, 내 수행길이 맞는지 의문이 생기면, 먼저 경전을 읽고 묵상해서 나의 공부길과 인생길이 지름길인지, 혹시 돌아가는 길은 아닌지 항상 거울을 보듯 점검해야 합니다.

저는 대산 종사님의 법문을 읽을 때, 때때로 내 영혼이 그 법문들의 양식으로 충만해짐을 느낍니다. 그 영적 영양분을 느끼고 소화하기 위해, 즉 법문을 묵상하기 위해 제 방에서 나와서 원달마 입구까지 산책하기도 합니다. 그러면 걷는 40분 동안 저절로 묵상이 되고 법문이 잘 소화됩니다. 경전의 말씀은 우리 영혼의 영양소입니다. 묵상으로서 이를 소화해야 합니다.

경전은 영양소일 뿐 아니라 우리 마음병을 치료하는 '약'입니다.

육신병 환자는 자기가 환자인 것을 알아서 치료에 노력하지만, 마음병 환자는 자기가 환자인 것도 몰라서 치료에 정성을 기울이지 않는다고 대종사님이 말씀하셨습니다.(수행품 56장) 환자 가운데서 태어나 환자들과 더불어 살기에 범인들은 자기가 마음병 환자인 것을 잘 모릅니다.

부처님은 당신을 Bhisakko, 즉 훌륭한 내과의사로 지칭하셨습니다.

저는 몇 년 전 한의사를 찾아간 적이 있었는데, 그분은 저의 맥박만 짚어 보고, 몸 상태와 성격까지 저의 모든 것을 알아내는 것 같았습니다. 그 한의사의 역량에 필자는 감탄했습니다. 그 한의사와 같이 부처님은 우리 마음의 상태와 병맥, 치료법을 '정확히' 아는 탁월한 의사입니다. 그래서 부처님을 '의왕King of medicine'이라 합니다.

대종사님은 당신의 교법을 '약재'라 하셨습니다. 좋은 의사를 만나도 약을 먹지 않으면 소용없습니다. 대종사님은 당신의 교법을 두고 "먹기만 하면 선약仙藥이니라."라고 말씀하셨습니다. 마음병 치료제인 대종사님의 교법을 잘 먹고 실천하는 것이 우리 인생 문제를 해결하고 자유롭고 행복하게 사는 방법입니다.

상시 응용 주의 사항 3조에서는 "경전·법규 연습하기를 주의할 것이요"라고 말합니다. 경전을 연마하라고 하지 않고 '연습' 하라고 하였습니다. '연습練習'이란 연마練와 실습習입니다. 경전을 연구하는 데 그치지 않고 실제 내 생활에 '실습'해 보라는 뜻입니다.

연습에서 연練이란 '익히다', '단련하다'의 뜻으로, 원래는 '쇠 불릴 연'입니다. 쇠를 용광로에서 '불린다'라는 뜻입니다.

습習이란 '익히다', '익숙하게 하다', '연습하다'의 뜻입니다. 한자 습習의 위쪽 부분은 날개[날개 羽]를 의미하며, 아래쪽 부분은 희다[흰 白]는 것을 의미합니다. 습習이란 새의 '날개가 희다', 즉 어른 새가 아니라 어린 새의 날개라는 뜻입니다.

어린 새가 날기 위해서 날개를 끊임없이 움직여 나는 연습을 하듯, 연습이란 아는 것을 끊임없이 실생활에서 실습하라는 뜻입니다.

『정전』을 편찬한 후에 한 제자가 대종사님께 말했습니다. "정전이 너무 쉽습니다." 그분은 어려운 유가儒家 경전과 한자에 익숙했던 분이었습니다. 그러자 대종사님은 "네가 이를 다 실천할 수 있겠느냐?"라고 물어보셨다고 합니다.

경전 공부의 핵심은 아는 데 있는 것이 아니라 실천하는 데 있습니다. 따라서 경전 '연마'하는 것을 주의하라고 하지 않고, '연습'하기를 즉 '연마와 실습'하기를 주의하라고 하였습니다.

불교, 원불교를 알기 위해 이책 저책을 보는 것도 때론 의미가 있지만, 우리 경전을 '연마하고 실습'하는 것이 더욱 중요합니다.

필자는 종종 '솔성요론'과 '계문'을 읽습니다. 교무인 필자는 이들을 외우다시피 하지만, 이를 읽는 것은 더 알기 위해서가 아니라 내 수행과 생활에 대조해서 그 법문을 실천하기 위함입니다. '상시 응용 주의 사항'도 내 수행과 생활에 대조하면서 실천하는 것이 핵심입니다.

자기를 지도해 줄 스승님이 없다고 말하는 사람들이 있습니다.

대산 종사님은 "수행자에게 첫 번째 스승은 경전이다."라고 말씀하셨습니다. 경전을 '사제훈도師弟薰陶'라 하였습니다. 훈도薰陶란 '학문이나 덕으로 사람을 훈훈薰薰하게 하고 인격을 도야陶冶시킴'이라는 뜻입니다. 수행인은 우선 경전을 통해 스스로 문답 감정을 해야 합니다. 경전은 우리가 항상 모실 수 있는 스승입니다.

경전은 단지 마음공부길 만을 가르쳐 주는 것이 아니라, 어떻게 해야 자녀 교육을 잘하며(인도품 45장) 돈을 잘 버는지(수행품 7장) 등 우리 현실 생활 문제도 아울러 해결해 줍니다.

콩나물을 키울 때 천 위에 일단 콩을 놓습니다. 그리고 콩에 물을 부으면 물이 그냥 천 밑으로 빠져나가지만 콩은 젖게 됩니다. 이렇게 물을 반복해서 주면 콩은 결국 발아되어 콩나물로 자랍니다. 우리가 경전을 읽고 바로 실천이 되지 않는다고 낙심할 필요가 없습니다. 반복해서 경전을 읽고 묵상하고 실천하면 그 법문이 차차 영혼에 스며들어 우리 인생이 변할 것입니다.

> 대종사 선원 대중에게 말씀하시기를 "내가 이번 선중에 많은 말을 하였는데 오늘도 말을 하게 되니 혹 싫은 생각이 날 사람도 있을지 모르나 내가 이와 같이 많은 말을 하고 또 하는 것은, 도덕에 대한 이해가 부족한 사람들에게는 자주 말을 하여 주어야 자연히 모든 사리가 밝아져서 실행까지 하게 되는 연고라, 그러므로 과거의 모든 성현도 모든 초학자를 교화 지도하실 때는 먼저 일과 이치 간에 알리는 데에 노력하시고 그에 따라 차차 실행하도록 추진하셨나니, 한두 선禪 난 후에 지행이 바로 골라 맞지 못한다고 하여 그것에 초조하고 답답하지도 말 것이며, 또는 그러한 사람을 비웃거나 책망하지도 말 것이니라. 그런즉, 그대들은 한 번 들은 법을 듣고 또 듣는다고 하여 거기에 쉬운 생각을 내지도 말며, 아는 그대로 바로 실행이 다 되지 못한다고 하여 스스로 타락심을 내지도 말고, 듣고 또 들으며 행하고 또 행하면 마침내 지행이 겸전한 완전한 인격을 이루리라."(수행품 61장)

중국에 현장 스님(AD 602~664)은 10대 초에 출가하여 경전 공부와 수행에 매진했습니다. 그런데 경전 공부를 하면서 중국어로 번역된 불교 경전에 이해되지 않는 부분이 종종 있었습니다. 그래서 실제로 부처님이 무슨 말씀을 하였는지 정확히 알기 위해 원전, 즉 팔리어와 산스크리트어로 된 경전을 공부하고자 현장 스님은 29세에 중국을 떠나 인도로 향합니다. 걸어서 고비사막을 지나고, 아프가니스탄, 파키스탄에서 히말라야산맥을 넘어야 하는 참으로 길고 험한 여정이었습니다.

현장 스님이 당나라 수도 장안을 떠나 불교 수행과 연구의 요람인 인도 나란다 사원에 도착하는 데 6년이 걸렸습니다. 그곳에서 팔리어, 산스크리트어로 된 부처님 경전을 5년간 공부하고, 많은 불경을 가지고 다시 중국으로 돌아오기까지 7년이 더 소요되었습니다.

당시 한국·중국 등에서 이러한 순례 여행을 떠난 스님들이 많았습니다. 순례자 중 대다수는 여행 도중 사망했습니다. 신라시대 한국에서 인도로 순례 간 혜초 스님은 고비사막을 헤매다가 바람이 불어서 사람들의 뼈가 모래에 드러나면, 이 길이 과거 순례객이 걸어온 길이라고 생각하고 발걸음을 옮겼다고 합니다. 다음은 인도로 가는 순례길에서 혜초 스님이 지은 시의 일부입니다.

"다람쥐와 새들도 살기 힘들어하는
히말라야산맥,
난 지금 이 길을 걷고 있구나."

우리는 너무 쉽게 경전을 구하고 읽을 수 있습니다. 참 좋은 시대에 태어나서 살고 있습니다. 다음은 대종사님의 간곡하신 말씀입니다.

"그대들이여! 시대가 비록 천만 번 순환하나 이같은 기회 만나기가 어렵거늘 그대들은 다행히 만났으며, 허다한 사람 중에 아는 사람이 드물거늘 그대들은 다행히 이 기회를 알아서 처음 회상의 창립주가 되었나니, 그대들은 오늘에 있어서 아직 증명하지 못할 나의 말일지라도 허무하다고 생각하지 말고, 모든 지도에 의하여 차차 지나가면 머지않은 장래에 가히 그 실지를 보게 되리라."(서품 15장)

우리 몸에 영양분이 필요한 것처럼, 우리 영혼에도 성현의 가르침이라는 영양소가 필요합니다. 우리 가정에 거울이 있어서 몸을 살펴보듯, 우리 인생길과 내 마음의 상태를 점검할 수 있는 영적 거울, 경전이 필요하며 이를 가까이해야 합니다. 이 거울을 마음에 항상 걸어놓고 묵상하고 실습해서 우리 인생을 풍요롭게 해야 합니다.

정산 종사 말씀하시기를 "세상 사람이 금은 보패를 가장 보물이라 하나 실은 모든 상이 있는 것이 다 허망한 것이요, 인생의 참다운 보물은 두 가지가 있나니, 하나는 영원히 불멸하여 세세생생 참 나의 주인공이 되는 우리의 참 마음이요, 둘은 우리의 그 참다운 마음을 찾아 참다운 혜복을 얻게 하는 바른 법이니 안으로 참 마음과 밖으로 바른 법이 우리의 영원한 보물이 되나니라."(무본편 31장)

5-4. 의두 연마

4. 경전·법규 연습하기를 대강 마친 사람은 의두 연마하기를 주의할 것이요.

대종사 봉래정사에 계시더니 한 사람이 서중안徐中安의 인도로 와서 뵈옵거늘 대종사 물으시기를 "어떠한 말을 듣고 이러한 험로에 들어왔는가." 그가 사뢰기를 "선생님의 높으신 도덕을 듣고 일차 뵈오러 왔나이다." 대종사 말씀하시기를 "나를 보았으니 무슨 원하는 것이 없는가." 그가 사뢰기를 "저는 항상 진세塵世에 있어서 번뇌와 망상으로 잠시도 마음이 바로잡히지 못하오니 그 마음을 바로잡기가 원이옵니다." 대종사 말씀하시기를 "마음 바로잡는 방법은 먼저 마음의 근본을 깨치고 그 쓰는 곳에 편벽됨이 없게 하는 것이니 그 까닭을 알고자 하거든 이 의두疑頭를 연구해 보라." 하시고 "만법귀일萬法歸一하니 일귀하처一歸何處오"라고 써 주시니라.(성리품 17장)

한 제자가 대종사님에게 "어떻게 해야 마음을 안정시키고 마음을 바로잡을 수 있습니까?"하고 질문을 합니다. 대종사님은 좌선, 염불 등을 권하지 않고 '만법귀일'이라는 화두를 주시면서 이를 연마해 보라고 말씀하십니다. 상식적으로는 마음 안정을 원하는 사람에게 명상 등 수양 방법을 가르쳐 주어야 하는데, 의두를 연마하라고 한 대종사님의 말씀은 참으로 의미가 깊습니다.

필자는 20대 중반 원불교학과 학생 시절, 어느 날 갑자기 이마에 부스럼 돌기 같은 것이 나기 시작했습니다. 붉게 된 부분이 가렵기 시작했고, 이마가 흉하게 되었습니다. 원광대병원 피부과를 찾아갔고, 조직검사까지 하였으나 의사 선생님은 정확한 원인을 알지 못하겠다고 하며, 아마 어떤 바이러스나 박테리아 감염이 원인인 것 같다는 진단을 하였습니다. 그렇게 의사가 권하는 약을 먹고 처방된 연고를 두 달간 발랐으나 전혀 효과가 없었습니다.

방학이 되어서 한의사 한 분을 찾아갔습니다. 그는 저를 진맥해 보고 다음과 같이 말했습니다. "학생의 몸이 지금 너무 피곤한 상태이며, 이마의 돌기는 피곤으로 인해 화기火氣가 얼굴로 올라와 생긴 것 같다."

그는 화기를 내리고 수기水氣를 강하게 하는 한약을 처방해 주었습니다. 약을 먹는 것이 중요한 것이 아니라 잘 쉬는 것이 우선이라는 당부를 하였습니다. 여름방학 동안 두 달 정도 잘 쉬고 나니 이마에 돌기가 저절로 완전히 사라졌습니다.

어떤 문제가 있으면 그것의 원인이 있습니다. 원인에는 피상적 원인이 있고 근본적 원인이 있습니다. 예를 들어 어떤 바이러스가 제 이마에 돌기를 일으켰다는 것이 사실이더라도 피상적인 원인이며, 돌기가 난 '근본' 원인은 제 몸이 너무 피곤해서 화기가 올라왔기 때문입니다.

화나는 마음, 요란한 마음, 어리석고 그른 마음, 비교하는 마음 등 우리는 우리 마음을 잘 다스리지 못합니다. 피상적 원인은 여러 가지가 있겠으나, 근본적 원인은 우리가 우리 마음의 실체를 보지 못하고 마음의 근본원리를 깨치지 못했기 때문이라고 대종사님은 말씀하셨습니다. "마음을 바로잡기를 원하면 마음의 근본을 깨쳐야" 하며, 우리가 이런저런 경계에서 해탈을 잘하지 못하는 이유도 바로 마음의 원리를 모르기 때문이라고 대종사님은 말씀하셨습니다.

> 대종사 서울 박람회에서 화재 보험 회사의 선전 시설을 보시고 한 감상을 얻었다 하시며, 말씀하시기를 "우리가 항상 말하기를 생사고락과 해탈을 하자고 하지마는 생사의 원리를 알지 못하면 해탈이 잘되지 않을 것이니…."(천도품 6장)

예수님은 "진리를 알지니 진리가 너희를 자유롭게 하리라." 라고 말씀하셨습니다.(요한8:32) 진리를 알지 못하면 마음의 자유를 얻지 못합니다. 인생의 고통으로부터 근원적으로 벗어나는 방법은 진리를 깨닫는 것입니다.

진리란 우주만유의 본원이자 우리의 본성입니다. 진리를 깨치는 것은 우리 마음의 실체를 아는 것이며, 이를 불교에서는 견성見性 즉 성품을 본다고 말합니다.

진리를 깨닫기 위해서는 우선 진리에 대한 '의심'을 일으켜야 합니다. 의심 없이 깨달음을 얻기란 불가능합니다. 문제가 없는데 답이 있을 수 없습니다.

석가모니 부처님은 어린 시절 인생의 생로병사에 대한 근본 의문이 일어나 이를 해결하기 위해 왕궁을 떠나 히말라야에서 고행하셨습니다. 대종사님은 7세 시부터 하늘은 왜 저리 푸르고 바람은 어디서 일어나는 것일까 등 우주에 관한 의심을 강하게 품었습니다. 대종사님은 그 의심을 해결할 길이 없어서 모든 것을 안다는 산신령을 만나기 위해, 어린 나이에 눈이 오나 비가 오나 수년간 삼밭재에 올라가 기도했습니다.

필자는 중학교 시절 '로미오와 줄리엣'이라는 영화를 보았습니다. 10대 중반의 나이였지만 그 영화 주제곡을 듣고 어떤 무상無常감이 강하게 일어났고, 내가 누구이며, 과연 마음의 실체가 무엇일까 하는 답답함과 함께 강한 의심이 일어났습니다. 그 후 무상無常한 경계를 대할 때마다 그런 의심과 답답함이 일어났는데, 당시 심경은 마치 좁은 통속에 갇혀 있는 느낌이었습니다. 그 의심이 해결되기 전까지 그 좁은 통에서 벗어날 수 없다는 느낌을 받았습니다.

그러나 그때 결코 내 '마음'으로부터는 벗어날 수 없다는 것을 알았습니다. 필자가 출가하고 난 후에야 그 좁은 통이 바로 '마음'이라는 것을 알았고, 그 실체를 깨달아야만 통에서 벗어날 수 있음을 알게 되었습니다.

우리 마음이 고요해지고 번뇌가 사라지면 이런저런 의심이 생깁니다. 이는 마치 호수의 물결이 잠잠해지면 호수 밑이 보이기 시작하는 것과 같습니다. 이러한 의심은 진리가 우리를 참 고향으로 오라는 부름이자 손짓입니다.

> 정정요론定靜要論을 해석하는 시간에 대종사 말씀하시었다. "수도하는 이가 큰 발심이 나 가지고 공부가 어느 정도 깊어지면 자연 큰 의심 하나가 생겨나서 일체 의심이 그 의심 아래 잠을 자고, 자나 깨나 보나 들으나 어묵동정이 다 의심으로 화하여 온 천지가 그 의심 안에 들어 있다가 홀연히 한 생각을 얻어 그 의심을 부수고 나면 일체의 의심이 다 풀어지고 그로 좇아 참 지혜가 발하나니, 지금 그대들 가운데 보고 듣고 생각해서 아는 지혜는 참 지혜를 얻어 들어가는 첫 문에 첫걸음이 되나니 그것으로써 만족하지 말라."(대종경선외록 일심적공장 9절)

수도인에게 이런저런 의심이 생기다가 나중에는 그 의심들이 하나의 큰 의심으로 귀결이 된다고 대종사님이 말씀하십니다. 모든 강물이 결국 하나의 바다로 흘러 들어가는 것처럼….

수행인들에게 궁극의 의심은 주로 '이 뭣고'가 됩니다. 내가 말하고 보고 생각하는 그 실체가 무엇인가 하는 의심입니다. 마음, 의식, 성품 등 사람들은 여러 가지 진리를 말하지만, 이는 단지 하나의 개념일 뿐 우리는 그 실체를 정확히 모릅니다.

큰 의심이 걸리면 그 의심을 통해 큰 입정에 들 수 있습니다. 큰 의심이 있고 난 뒤에 큰 깨달음이 있다고 대종사님은 말씀하셨습니다.

> 대종사 말씀하시기를 "큰 의심이 있은 뒤에 큰 정성이 나고, 큰 정성이 난 뒤에 크게 깨달음이 있으며, 깨달아 아는 것도 한 번에 끝나는 것이 아니라 천통 만통이 있나니라."(수행품 43장)

대종사님이 대각하시기 전, 선진포에서 나룻배를 기다리다 저절로 입정에 들어 온종일 그대로 서 계셨습니다. 큰 의심이 걸려 의단이 형성되어 대정大定에 든 것입니다.

만공 스님도 스승님으로부터 "만법이 하나로 돌아갔다 하니 그 하나는 어디로 돌아갈 것인가?"라는 화두를 받고, 처음에는 이를 그냥 머리로만 되뇌며 생각했다고 합니다. 그러나 어느 순간부터는 이것이 참으로 깊은 의심이 되었고, 그 의심 속에 먹고 자고 걸어가는 것을 거의 잊을 정도로 동정 간 입정이 몇 달 지속되었다고 합니다.

그러다 어느 날 부엌에서 밥을 하다가 불붙은 나무가 '딱' 하며 타들어 가는 소리를 듣고 홀연히 일체의 의심이 해결되고 깨달음을 얻었다고 합니다. 큰 의심을 통한 큰 정定이 깨달음의 경로입니다.

그러나 보통 수도인에게는 이런 의심이 깊게 걸리지 않습니다. 따라서 과거 불교 선종禪宗에서는 많은 선지식이 제자들에게 진리적인 의심 거리를 주었는데 이를 '화두話頭'라고 합니다. 화두를 때때로 '공안公案'이라고도 하는데, 공안은 글자 그대로 '관공서의 공식 문서'라는 뜻입니다. 관공서의 법적 문서처럼 공안이 공부의 기준, 깨달음의 기준이 된다는 뜻입니다.

다음은 선가의 대표적 화두, 혹은 공안입니다.

한 수행자가 조주 선사에게 "인도의 달마 대사가 동쪽 즉 중국으로 온 까닭이 무엇입니까?"라고 물었습니다. 마침 뜰앞에서 있었던 조주 선사는 "뜰앞의 잣나무다."라고 답했습니다.

학인들의 어떤 물음에 대해 선지식들은 진리를 직관적으로 '바로' 보여주기 위해 여러 가지 답을 했습니다. 이후 이것들이 화두로 형성되어 왔으며, 뜰앞의 잣나무 등과 같은 답이 그 예입니다.

선지식들의 이러한 답은 엉뚱하고 비논리적으로 보이는데, 이는 생각과 논리로 보기에 그렇게 보이는 것입니다. 많은 화두가 수수께끼처럼 보이지만, 화두는 근본적으로 수수께끼와 다릅니다. 수수께끼의 답은 생각과 논리적 사고로서 얻을 수 있지만, 화두의 해결은 생각이 끊어진 자리에 들어가야 얻을 수 있습니다. 화두話頭라는 말이, 화話, 즉 말과 글과 생각 이전의 자리[머리 頭]라는 뜻입니다. 말과 생각 등 모든 관념 이전의 세계로 들어가야 성품을 본다는 것입니다.

화두는 총 1,700개 정도에 달합니다. 좌선할 때 화두에 마음을 집중하는 간화선은 중국 송나라 대혜종고大慧宗杲(1089~1163) 선사께서 확립하셨다고 합니다. 대종사님은 번거한 과거의 많은 화두를 간추려서 『정전』에 핵심 의두 요목을 20가지로 제시하고, 이를 연마하도록 당부하셨습니다.

> "선종의 많은 화두와 교종의 모든 경전을 단련하여, 번거한 화두와 번거한 경전은 다 놓아 버리고 그 중에 제일 강령과 요지를 밝힌 화두와 경전으로 일과 이치에 연구력 얻는 과목을 정하고…."(서품 19장)

다음은 『정전』에 나오는 '의두 요목'입니다.

1. 세존世尊이 도솔천을 떠나지 아니하시고 이미 왕궁가에 내리시며, 모태 중에서 중생 제도하기를 마치셨다 하니 그것이 무슨 뜻인가.
2. 세존이 탄생하사 천상 천하에 유아독존唯我獨尊이라 하셨다 하니 그것이 무슨 뜻인가.
3. 세존이 영산회상에서 꽃을 들어 대중에게 보이시니 대중이 다 묵연하되 오직 가섭존자迦葉尊者만이 얼굴에 미소를 띠거늘, 세존이 이르시되 내게 있는 정법안장正法眼藏을 마하 가섭에게 부치노라 하셨다 하니 그것이 무슨 뜻인가.
4. 세존이 열반에 드실 때에 내가 녹야원으로부터 발제하에 이르기까지 이 중간에 일찍이 한 법도 설한 바가 없노라 하셨다 하니 그것이 무슨 뜻인가.
5. 만법이 하나에 돌아갔다 하니 하나 그것은 어디로 돌아갈

것인가.

6. 만법으로 더불어 짝하지 않은 것이 그 무엇인가.
7. 만법을 통하여다가 한 마음을 밝히라 하였으니 그것이 무슨 뜻인가.
8. 옛 부처님이 나시기 전에 응연凝然히 한 상이 둥글었다 하였으니 그것이 무슨 뜻인가.
9. 부모에게 몸을 받기 전 몸은 그 어떠한 몸인가.
10. 사람이 깊이 잠들어 꿈도 없는 때에는 그 아는 영지가 어느 곳에 있는가.
11. 일체가 다 마음의 짓는 바라 하였으니 그것이 무슨 뜻인가.
12. 마음이 곧 부처라 하였으니 그것이 무슨 뜻인가.
13. 중생의 윤회되는 것과 모든 부처님의 해탈하는 것은 그 원인이 어디 있는가.
14. 잘 수행하는 사람은 자성을 떠나지 않는다 하니 어떠한 것이 자성을 떠나지 않는 공부인가.
15. 마음과 성품과 이치와 기운의 동일한 점은 어떠하며 구분된 내역은 또한 어떠한가.
16. 우주 만물이 비롯이 있고 끝이 있는가 비롯이 없고 끝이 없는가.
17. 만물의 인과 보복 되는 것이 현생 일은 서로 알고 실행되려니와 후생 일은 숙명宿命이 이미 매하여서 피차가 서로 알지 못하거니 어떻게 보복이 되는가.

18. 천지는 앎이 없으되 안다 하니 그것이 무슨 뜻인가.
19. 열반을 얻은 사람은 그 영지가 이미 법신에 합하였는데, 어찌하여 다시 개령個靈으로 나누어지며, 전신前身 후신後身의 표준이 있게 되는가.
20. 나에게 한 권의 경전이 있으니, 지묵으로 된 것이 아니라, 한 글자도 없으나 항상 광명을 나툰다 하였으니 그것이 무슨 뜻인가.

임제종 계통의 선가에서는 화두 공부가 진리를 깨치는 첩경이기에 좌선을 할 때 화두에 마음을 집중하며, 일상생활에서도 화두 일념을 놓지 말아야 한다고 권합니다. 화두가 참으로 깊어져 내 것이 되어서 화두와 수행자가 하나가 되면 선을 할 때 화두를 참구하는 것도 좋은 방법입니다. 화두가 모든 생각을 없애고 입정에 들게 하기 때문입니다. 그러나 보통 수행자들은 화두를 머리로 굴리면서 연마를 하기에, 좌선할 때 화두를 드는 것이 마음을 안정시키기보다 화기火氣를 올리게 하는 경우가 많이 있습니다. 화두선으로 머리에 화기가 올라 생기는 병을 상기병上氣病이라 합니다. 대표적으로 두통이 있는데 상근기 수행자라고 할지라도 이 상기병으로 고생한 수행자들이 과거로부터 많이 있었습니다. 일본의 백은 선사, 근세 한국의 성철, 전강 스님 등이 상기병에 걸려서 한때 크게 고생했습니다.

대종사님은 선을 할 때는 단전주 선을 하고, 화두 연마는 정신이 맑을 때 가끔 한 번씩 하라고 권하십니다.

> 대종사 선원 대중에게 말씀하시기를 "근래에 선종 각파에서 선의 방법을 가지고 서로 시비를 말하고 있으나, 나는 그 가운데 단전주丹田住법을 취하여 수양하는 시간에는 온전히 수양만 하고 화두 연마는 적당한 기회에 가끔 한 번씩 하라 하노니, 의두 깨치는 방법이 침울한 생각으로 오래 생각하는 데에만 있는 것이 아니요, 명랑한 정신으로 기틀을 따라 연마하는 것이 그 힘이 도리어 더 우월한 까닭이니라."(수행품 14장)

『정전』에 있는 대종사님 말씀입니다.

> "간화선은 사람을 따라 임시의 방편은 될지언정 일반적으로 시키기는 어려운 일이니, 만일 화두話頭만 오래 계속하면 기운이 올라 병을 얻기가 쉽고 또한 화두에 근본적으로 의심이 걸리지 않는 사람은 선에 취미를 잘 얻지 못하나니라. 그러므로 우리는 좌선하는 시간과 의두 연마하는 시간을 각각 정하고, 선을 할 때에는 선을 하고 연구를 할 때에는 연구를 하여 정과 혜를 쌍전시키나니, 이와 같이 하면 공적空寂에 빠지지도 아니하고 분별에 떨어지지도 아니하여 능히 동정 없는 진여성眞如性을 체득할 수 있나니라."

정산 종사님도 화두를 가끔 한 번씩 연마해 보라고 권하십니다.

> "그대들이여 화두를 들고 지내는가. 화두를 연마하는 데에는

의리선 여래선 조사선을 차서 있게 병행함이 옳으나, 과거의 선방 공부 같이 온종일 화두만 계속할 것이 아니요. 화두를 마음 가운데 걸어 놓고 지내다가 마음이 맑고 조용할 때에 잠깐 잠깐 연구해 볼지니라. 그러하면 마치 저 닭이 오래오래 알을 품고 굴리면 그 속에서 병아리가 생기듯 마음의 혜문慧門이 열리리라."(권도편 38장)

과거에는 수행자들이 스승에게 화두를 받아서 연마하는 것이 선종禪宗의 관례였습니다. 그러나 수행자의 근기가 천차만별이며, 제자의 근기에 맞는 합당한 화두를 줄 수 있는 선지식이 현재 많지 않습니다. 자기에게 맞지 않은 화두를 들고 고생하는 스님들이 많이 있습니다.

대종사님은 의두 요목 중에 자기가 의심이 나는 요목을 스스로 정해서 이를 연마해 보라고 권합니다. 이것이 자연스러운 방법인 것 같습니다. 우리 몸에 물이 필요하면 저절로 목이 마르듯, 어떤 화두에 의심이 걸린다는 말은 그 화두가 그 수행자의 근기와 상황에 맞다는 말입니다.

그러나 임제종의 가르침처럼 24시간 화두 연마를 하지 않는다고 해도, 과거 선지식의 말씀처럼 고양이가 쥐를 잡듯, 목마를 때 물을 찾듯, 외아들을 잃어버린 어머니가 아들을 찾듯, 공부인은 지성으로 의두 연마를 해야 합니다.

법타원 김이현 종사님이 40대 초반 안양교당에 근무할 때 일입니다. 한번은 법타원님이 서울에 올라오셔서 대산 종사님을 뵈었습니다. 대산 종사님은 법타원에게 "너 요즘 무슨 의두 가지고 사냐?" 물었습니다. 법타원님이, 좌선 시간 끝에 잠깐 의두 연마하는 것 외에 특별히 의두 연마하지 않고 특별한 의심은 없다고 말씀드리자, 대산 종사님은 "너 서울 올 때 돈은 가지고 다니지. 부잣집 창고에 보물이 많이 있듯, 수도자에게는 의심거리가 많아야 한다."라며 꾸중하셨다고 합니다.

다시 한번 이 상시 응용 주의 사항을 묵상해 보아야 하겠습니다. "4. 경전·법규 연습하기를 대강 마친 사람은 의두 연마하기를 주의할 것이요."

다음은 대산 종사님의 법문입니다.

"성현의 뿌리는 대각大覺, 대각의 뿌리는 의심이다."

"철鐵은 용광로를 거쳐야 정철精鐵이 되고, 법은 성리에 근거해야 대도정법이 되고, 도인은 성리를 단련해야 대도인이 된다."

"부분각部分覺 정각正覺 대각大覺의 열쇠는 만사만리萬事萬理의 의심 공부로 갈고 궁구하고, 천번 만번 억만번, 천각 만각 억만각으로 탁마琢磨하는 데서 열린다."

"골똘하게 의단을 뭉치는 것으로써 수양[大定]을 진행하고, 골똘하게 의단을 궁굴리는 것으로 연구[大慧]를 진행하고, 골똘하게 의단을 척결하는 것으로써 취사[萬行]를 진행하라."

5-5. 정신 수양

5. 석반 후 살림에 대한 일이 있으면 다 마치고 잠자기 전 남은 시간이나 또는 새벽에 정신을 수양하기 위하여 염불과 좌선하기를 주의할 것이요.

필자는 고등학교 시절 변비로 고생한 적이 있었습니다. 변비가 문제 되는 이유는 간단합니다. 먹은 것, 즉 몸 안에 들어온 것이 밖으로 잘 나가지 않기 때문입니다. 호흡을 계속 들이쉬기만 하거나, 내쉬기만 하면 사람은 목숨을 잃습니다. 이렇게 간단한 원리를 우리 마음과 생활에 적용해 보는 사람은 많지 않은 것 같습니다.

현대인은 끊임없이 정신을 사용하며 살고 있습니다. 직장 혹은 학교에서 하는 우리의 대부분 활동은 정신적 활동이며 육신적 일은 거의 없습니다. 오늘날 경쟁 시대에서는 열심히 생각하지 않으면 세상에서 성공할 수가 없습니다. 끊임없이 생각하고 염려해야 하는 우리 삶의 모습은 좌선할 때 마음에 그대로 나타납니다. 수많은 망상, 잡념, 걱정이 바로 그것입니다.

사람들이 휴식을 취할 때도 TV 혹은 YouTube를 보거나, 아니면 무엇을 먹거나 남과 대화를 합니다. 헬스장에서 운동할 때도 무엇을 보거나 들으며 운동을 하는 사람들이 많습니다.

사람이 서 있지 않을 때 바늘이 0을 가리켜야 정상적인 저울입니다. 가만히 있지 못하는 현대인의 마음은 고장난 저울과 같습니다. 보고 듣고 생각하는 것들로 가득 찬 우리 마음은 항상 피곤합니다.

끊임없이 우리 마음이 생각과 염려, 어떤 정보와 자극으로 가득 차 있는 상태를 부처님은 '불타는 마음'으로 비유하셨습니다.

부처님의 유명한 '불'의 비유 법문Fire Sermon에서 "수행자들이여, 이 세상이 불타고 있다. 무엇으로 그리고 어떻게 불타고 있는가? 우리의 눈이 불타고 있고, 우리의 귀와 마음이 불타고 있다. 우리의 귀와 눈 그리고 마음이 욕심과 집착, 화냄과 증오, 무지와 망상으로 불타고 있다. 우리가 집착과 망상을 여의고, 보고 듣고 생각하는 것에서 벗어남으로써 우리는 자유로움을 얻는다."라고 말씀하셨습니다.

나무와 같은 어떤 두 가지 물질을 계속 비비면 불이 납니다. 눈과 코, 입과 귀 등의 감각기관이 형상, 소리, 냄새, 생각 등의 외경, 즉 감각 대상과 계속 접촉해 있으면 우리 마음에도 불이 납니다. 완전히 지쳐버렸다거나 정신이 쇠약해지는 등의 모습은 우리 마음에 불이 난 상태이며, 우리 몸과 마음에 생기生氣가 말라버렸기 때문에 생기는 현상입니다.

불타는 마음의 불을 끄는 방법이 바로 정신 수양입니다. 우리가 화장실에 가서 변기에 볼일을 보고 물을 내려 깨끗이 하듯이, 살면서 종종 마음의 찌꺼기를 내리고 청소를 해야 합니다.

대종사님은 생활 속에서 수행길을 제시한 '상시 응용 주의 사항 5조'에서, 정신 수양의 필요성을 강조하셨습니다.

> 5. 석반 후 살림에 대한 일이 있으면 다 마치고 잠자기 전 남은 시간이나 또는 새벽에 정신을 수양하기 위하여 염불과 좌선하기를 주의할 것이요.

수양修養이라는 단어는 닦을 수修, 기를 양養으로 구성되어 있습니다. 창문이 더러워지거나 거울 위에 먼지가 끼면 걸레로 닦아내듯, 우리의 마음의 잡념과 망상, 근심, 걱정도 잘 닦아내야 합니다. 이게 바로 닦을 수修입니다.

기를 양養이란 밭에서 어떤 작물을 기르는 것과 흡사합니다. 우리가 땅에 거름 등을 뿌려 작물이 건강하게 잘 자라게 하듯, 우리 마음에도 영양분을 공급해 마음의 힘을 기르고 충전해야 합니다.

대산 종사님은 정신 수양을 "정신은 쓰는 것이요, 수양은 쉬는 것이다."라고 정의해 주셨습니다. 불이 나 있는 우리 정신의 근본 문제점은 너무 계속해서 쓰는 것이기에, 참된 휴식이 필요합니다.

마음을 쉬고 충전하는 데 여러 가지 방법이 있지만, 잘 쉬고 잘 충전하는 진리적 방법은 염불과 좌선입니다. 염불과 좌선은 메마른 정신에 물을 대는 역할을 하며, 타는 마음의 불을 끄게 합니다. 실제로 좌선 수행을 할 때 망상이 가라앉고 물기운[水氣]이 올라오면 입에 상쾌한 침이 돌고 두뇌가 상쾌해지는데, 이것이 바로 우리 몸에서 불기운[火氣]이 내려가고 물기운이 올라오는 현상입니다.

사람들이 기분 전환을 위해 오락을 하거나, 영화를 보거나, 잡지를 읽는 등 다양한 방법으로 기분 전환을 합니다. 그러나 우리가 알아야 할 것은 이들은 잠시 기분을 좋게 해줄 뿐, 정신을 기르고 충전하는 수양 방법이 전혀 아니라는 것입니다. 오히려 정신의 기운을 약하게 만듭니다.

미국의 한 종합병원 의사가 환자들을 대상으로 다음과 같은 실험을 하였습니다. 병원을 정기적으로 찾아오는 50명 환자를 우선 두 그룹으로 나누었습니다. 25명의 환자는 소파에 편히 앉아 녹음된 소설을 30분 정도 편안히 들었습니다. 가볍고 흥미로운 소설이었습니다. 다른 25명의 환자는 30분 정도 좌선 수행을 했습니다. 이들은 원래 수행하는 사람들이 아니었지만, 단지 의사의 지도에 따라 좌선 수행을 했습니다. 이 사람들은 좌선 안내가 녹음된 테이프를 들으며 30분 정도 앉아 있었는데, 물론 대다수가 초보자라서 많은 망상과 잡념이 일어났을 것입니다. 이 두 그룹은 각각의 방법으로 일주일에 4~5번 와서 몇 개월 정도 소설을 편히 듣거나, 좌선 수행을 했습니다.

4개월 뒤, 두 그룹 사람의 마음 상태와 변화를 알기 위해 의

사는 그들의 뇌파를 측정해 보았습니다. 사람의 마음이 안정되고 집중될 때 우리 두뇌에서 나오는 뇌파는 알파파이며 주로 두뇌 전두엽에서 발생합니다. 망상은 많았지만 좌선을 한 그룹 사람들의 머리에서 나오는 알파파 세기가, 앉아서 편히 소설을 들은 사람들의 알파파보다 몇 배 높은 것으로 나타났습니다. 즉, 일주일에 몇 번, 하루에 30분 정도 명상을 한 경우, 일상 생활을 할 때 마음이 훨씬 안정되고 집중이 잘 되었다는 것을 말해줍니다. 다시 말해, 뇌파를 통해 좌선의 공덕을 간접적으로 증명한 것입니다. 이 같은 실험과 연구는 현재 수없이 많이 있습니다.

잡념 혹은 망상을 없애기 위해 영화를 본다면 기분 전환이 되어 그 순간 잡념은 제거될 수 있겠지만, 우리의 정신을 충전시키는 방법이 되지는 못합니다. 이것은 마치 방 바깥에서 나는 소리를 듣지 않기 위해 TV 소리를 크게 하거나 큰 소리를 지르는 것과 같습니다. 이렇게 해서 근원적으로 밖의 소리를 없앨 수는 없습니다. 좌선 혹은 염불과 같은 수양을 통해 마음의 때를 벗기고 정신을 충전해야 우리 마음이 안정되고, 지혜로운 삶을 살아갈 수 있습니다.

원불교 『정전』에서 염불은 "우리의 지정한 주문呪文 한 귀를 연하여 부르게 함이니, 이는 천지만엽으로 흩어진 정신을 주문 한 귀에 집주하되 천념 만념을 오직 일념으로 만들기 위함이요."라고 정의되어 있습니다.

염불 혹은 주문의 문구가 나무아미타불이건, 관세음보살이건, 옴마니밧메훔이건, 혹은 일원상서원문, 반야심경이건 상관이 없습니다. 어떤 주문 혹은 경전을 연하여 부르거나 무심으로 읽으면, 마음이 집중되고 쉽게 안정을 얻습니다. 마음이 집중될 뿐만 아니라 정신이 충전되고 마음에 힘을 얻습니다.

염불할 때 '나무아미타불, 나무아미타불…'을 부르며 단조롭게 염불할 수도 있고, 멜로디를 붙여 염불할 수도 있고, 목탁을 치면서 할 수도 있고, 걸어가면서 혹은 운전하면서도 염불할 수 있습니다. 상황에 따라 다양한 방법이 가능합니다.

각 종교와 종단마다 다양한 수행 방법이 있는데, 불교, 힌두교, 도교 등에서 가장 일반적이고 잘 알려진 수행법이 바로 염불입니다. 이는 누구나 언제든지 할 수 있는 방법이며, 단지 훌륭한 정신 수양의 방법일 뿐만 아니라 기도 방법으로도 많이 활용됩니다. 초보자이건, 원숙한 수행자이건 일심으로 어떤 성스러운 문구나 경전을 외우면 되기에, 방법이 극히 쉽습니다. 그러나 효과는 아주 큽니다. 좌선을 주로 하는 수행자들 혹은 좌선을 강조하는 선불교 전통에서도 좌선 이전에 염불을 10~15분 정도 하는 경우가 많이 있는데, 이는 염불이 빠르고 쉽게 마음을 모으는 데 효과적이기 때문입니다.

원불교『정전』에서 좌선은 "기운을 바르게 하고 마음을 지키기 위하여 마음과 기운을 단전丹田에 주住하되 한 생각이라는 주착도 없이 하여, 오직 원적무별圓寂無別한 진경에 그쳐 있도록 함이니, 이는 사람의 순연한 근본정신을 양성하는 방법이요."라고 정의되어 있습니다.

염불은 '일심을 모으기 위한 방법'이며, 법당에 있는 모든 먼지와 쓰레기를 쓰레기통에 담는 것과 같습니다. 좌선은 '한 생각이라는 주착도 없이 하는 것'이며, 법당 내에 있는 쓰레기통을 밖으로 가지고 나와 법당을 완전히 깨끗이 하는 것과 같습니다.

좌선과 염불의 공덕은 같습니다. 좌선 삼매에 들었거나 염불 삼매에 들었거나 수행자들의 두뇌에서 발생하는 뇌파는 같은 패턴을 보입니다.

원불교『정전』에 나와 있는 좌선과 염불의 공덕은 다음과 같습니다.

1. 경거망동하는 일이 차차 없어지는 것이요.
2. 육근 동작에 순서를 얻는 것이요.
3. 병고가 감소하고 얼굴이 윤활하여지는 것이요.
4. 기억력이 좋아지는 것이요.
5. 인내력이 생겨나는 것이요.
6. 착심이 없어지는 것이요.
7. 사심이 정심으로 변하는 것이요.
8. 자성의 혜광이 나타나는 것이요.
9. 극락을 수용하는 것이요.
10. 생사에 자유를 얻는 것이니라.

상황이나 사람들의 성향, 근기에 따라 염불과 좌선을 번갈아 수행하면 아주 쉽고 효과적으로 정신을 수양하고 마음의 힘을 기를 수 있습니다. 원불교『정전』에서는 상황에 따라 염불과 좌선을 다음과 같이 권하고 있습니다.

> "염불을 오래 하면 자연히 염불 삼매를 얻어 능히 목적하는 바 극락을 수용할 수 있나니 그 공덕의 조항은 좌선의 공덕과 서로 같나니라. 그러나 염불과 좌선이 한 가지 수양 과목으로 서로 표리가 되나니 공부하는 사람이 만일 번뇌가 과중하면 먼저 염불로써 그 산란한 정신을 대치하고 다음에 좌선으로써 그 원적의 진경에 들게 하는 것이며, 또한 시간에 있어서는 낮이든지 기타 외경이 가까운 시간에는 염불이 더 긴요하고, 밤이나 새벽이든지 기타 외경이 먼 시간에는 좌선이 더 긴요하나니, 공부하는 사람이 항상 당시의 환경을 관찰하고 각자의 심경을 대조하여 염불과 좌선을 때에 맞게 잘 운용하면 그 공부가 서로 연속되어 쉽게 큰 정력定力을 얻게 되리라."

주변 환경이나 내 마음의 상태가 안정되어 있으면 바로 좌선하는 것도 좋지만, 염려, 걱정, 망상 등이 심하거나 주변 환경이 안정되지 못하면 쉽게 일심을 모을 수 있는 염불을 하는 것이 효과적이라는 것입니다.

필자는 좌선하기에 너무 피곤하다거나, 시간은 나지만 왠지 혼자 좌선할 마음이 나지 않을 때는 누워서 하는 와선臥禪을 15분 정도 하고 좌선합니다. 이렇게 하면 육신의 피로도 풀릴

뿐만 아니라 정신도 상쾌해집니다. 또한 마음이 잘 안정되지 않으면 좌선할 때 혼자 마음속으로 염불이나 일원상 서원문, 반야심경 같은 경전을 외거나, 아니면 소리 없는 기도를 마음속으로 올리는 경우도 많이 있습니다. 혼자 좌선할 때 망상이 많으면 가벼운 명상 음악을 틀어 놓고 하기도 합니다. 중요한 것은 우리의 의지와 정성이지 방법이 아닙니다. 의지가 있으면 자기에게 효과적인 방법을 스스로 터득하게 됩니다. "뜻이 있는 곳에 길이 있다."라는 말은 우리 수행에 정확히 적용됩니다.

가장 중요한 것은 "잠자기 전 남은 시간이나 또는 새벽"에 염불 혹은 좌선을 규칙적이고 정성 있게 꾸준히 하는 것입니다.

불량 식품을 먹는다고 바로 건강이 나빠지는 것은 아닙니다. 그러나 이 식품들이 우리 몸에 들어오면 차츰 우리 건강에 악영향을 줍니다. 우리가 규칙적으로 수양하게 되면 이 수양의 공덕이 차츰 쌓이고 쌓여서, 결국 우리 인생과 운명을 바꿉니다.

미국 전기는 110V입니다. 필자는 미국에서 생활하고 있는데, 몇 년 전 한국을 방문했을 때 미국에서 구매한 물 끓이는 포트를 가지고 간 적이 있었습니다. 그 제품이 110V·220V 겸용이라고 생각하고 한국 친지의 집에서 그대로 사용했는데, 110V용 포트에 220V가 공급되니 포트가 바로 타 버렸습니다.

경쟁 사회에서 사는 것은 만만하지 않습니다. 세상은 우리에게 220V의 활동을 요구합니다. 우리 마음에 힘이 없고, 마음의 볼트 수가 110V라면, 우리는 주변 환경의 압력을 감당하지 못하고 마음 속 행복과 자유가 타 버릴 것입니다.

수양은 단지 수양 자체만을 목적으로 하지 않습니다. 우리 마음이 수양으로 충전되어 힘을 얻으면 여러 경계에 흔들리지 않고 세상 유혹을 덜 받게 됩니다. 그러면 우리는 인생을 더 행복하고 자유롭게 살 수 있습니다. 통계를 보면 종교인들의 인생 만족도가 훨씬 큰 것으로 나타납니다. 이 또한 수양과 관계가 있을 것이라고 필자는 생각합니다.

안정되고 수양된 마음에서 지혜가 나옵니다.

지혜에서 혜慧의 한자를 보면 윗부분과 아랫부분으로 나뉘어 있습니다. 윗부분은 '빗자루[彗]'를 의미하고 아랫부분은 '마음[心]'을 의미합니다. 즉 마음의 찌꺼기를 빗자루로 쓸어내는 것이 바로 '지혜'라는 뜻입니다.

마음이 고요하고 안정되면 우리 마음에 저절로 지혜가 발현됩니다. 안정되고 지혜로운 마음은 바로 행복한 삶, 성공적 삶으로 연결됩니다.

미식축구 통계를 보면 터치다운 이후 선수가 골대를 향해 공을 차는데, 공을 차기 전, 선수가 공을 한동안 쳐다보거나, 호흡을 잠시 고르거나, 제자리걸음을 하면서 마음을 가다듬는 등 여러 가지 방법으로 마음을 일단 안정시키고 공을 차면 득점률이 월등히 높은 것으로 나타납니다. 이렇듯 안정된 마음은 우리가 현실의 일을 효과적으로 처리할 수 있게 하는 바탕이 됩니다.

화가가 그림을 그리기 전 깨끗한 캔버스에서 작품을 시작하듯, 우리 하루의 마감과 출발을 정신 수양으로 시작하고 종료해야 합니다. 다시 한번, '상시 응용 주의 사항' 5조를 묵상해 보겠습니다.

> 5. 석반 후 살림에 대한 일이 있으면 다 마치고 잠자기 전 남은 시간이나 또는 새벽에 정신을 수양하기 위하여 염불과 좌선 하기를 주의할 것이요.

5-6. 실행 대조

6. 모든 일을 처리한 뒤에 그 처리 건을 생각하여 보되, 하자는 조목과 말자는 조목에 실행이 되었는가 못 되었는가 대조하기를 주의할 것이니라.

20세기 초는 미국 금주령 시대였습니다. 어느 날 저녁, 대학생 두 명이 기숙사를 빠져나와 술집을 향해 걸어가고 있었습니다. 그러다 그들은 길에 있는 포스터를 우연히 보게 되었는데, 인근 교회에서 열리는 부흥사 무디D. L. Moody의 집회였습니다.

한 명은 무디 목사의 집회는 항상 있는 것이 아니니 참석해 보자고 했습니다. 다른 한 명은 술 마시러 기왕 나왔으니 주말을 바에서 즐기자고 했습니다. 그날 저녁 한 명은 교회에서, 다른 한 명은 바에서 시간을 보냈습니다.

그 후 46년의 세월이 흘렀습니다. 그날 부흥회에 참석한 청년은 그 집회에서 어떤 각성을 얻어 인생 방향을 새로 정립하고 열심히 공부하여 마침내 미국 제23대 대통령[벤저민 해리슨, 1833-1901]이 됩니다. 회고록에 "그날 저녁 그 집회에 가지 않았다면 내가 대통령이 되지 못했을 것이다."라고 말했습니다.

그날 술집에 간 그 청년은 과거 자기 룸메이트였던 친구가 대통령이 되었다는 사실을 보스턴의 어느 감옥에서 신문을 보고 알게 됩니다.

우리 운명은 매 순간 어떤 '선택'을 하느냐에 달려있습니다. 배우자, 직업 등의 선택이 우리 인생에 얼마나 큰 영향을 미치는가를 생각해 보면 잘 알 수 있습니다.

통계에 따르면 사람들의 선택 70%는 그냥 습관에 따르는 것이라 합니다. 부지런한 것, 게으른 것, 일찍 일어나고 늦게 일어나는 것, 말을 많이 하고 적게 하는 것, 남을 비판적으로 말하는 것, 무엇을 미루는 것 등 우리 행동의 태반은 습관입니다.

습관의 사전적인 정의는 '어떤 행위를 오랫동안 되풀이하는 과정에서 저절로 익혀진 행동 방식'입니다. 아리스토텔레스Aristoteles는 "습관적으로 하는 행동이 바로 우리 모습이다. 탁월함이란 어떤 행위라기보다 습관이다.[We are what we repeatedly do. Excellence then is not an act, but a habit.]"라고 말했습니다. 좋은 습관은 길들이기 어렵고 나쁜 습관은 길들이기 쉽습니다.

> 대종사 말씀하시기를 "사람의 성품은 원래 선악이 없는 것이나 습관에 따라 선악의 인품이 있어지나니 습관은 곧 당인의 처음 생각이 좌우의 모든 인연에 응하고 또 응하는 가운데 이루어지는 것이라,…. 좌우의 인연을 따라 습관 되는 이치가 선과 악이 서로 다르지 아니하나, 선한 일에는 습관 되기가 어렵고 악한

> 일에는 습관 되기가 쉬우며, 또는 선한 습관을 들이기 위하여 공부하는 중에도 조금만 방심하면 알지 못하는 가운데 악한 경계에 흘러가서 처음 목적한 바와는 반대로 되기 쉽나니 이 점에 늘 주의하여야 착한 인품을 이루게 되리라."(수행품 30장)

습관은 '반복'되는 것이기에 하찮은 것일지라도 인생에 지대한 영향을 미칩니다. 처마 밑에 떨어지는 물이 결국 아래에 있는 바위에 구멍을 내듯….

"세살 버릇이 여든까지 간다."라는 속담이 있습니다. 사람들의 버릇은 다음 생까지 유전됩니다. 전생의 습관 혹은 성격이 금생 혹은 다음 생으로 연결되는 경우가 많습니다.

대종사님은 당신이 어린 시절부터 구도, 고행을 하신 것도 전생 '습관' 때문이라고 말씀하셨습니다.

> "내가 다행히 전세의 습관으로 어릴 때 발심하여 성심으로 도는 구하였으나…."(수행품 47장)

습관은 유념해서 고치지 않으면 그냥 지속됩니다. 경산 상사님은 "네가 성불할지 혹은 세상에서 성공할지를 보려면 너의 습관을 보라."라고 말씀하셨습니다.

습관이 바뀌면 인생과 운명이 바뀝니다. 자기 행동과 습관을 바꾸기 위해서는 자기를 돌아보는 '반조反照'['되돌릴 반 反' '비출 조 照']의 시간을 가져야 합니다. 조용히 '반조'의 시간을 가지지 않고서는 자기 모습을 자세히, 객관적으로 보기 힘듭니다.

유교의 대성大聖 증자님은 '하루에 자기를 세 번 돌아보는 것-日三省'을 수행 기조로 삼으셨다고 합니다. 개구리가 멀리 뛰려면 일단 움츠려야 하듯, '반조反照' 없이 우리 인생을 변화시키고 진보시키기란 쉽지 않습니다.

대종사님은 '상시 응용 주의 사항' 마지막 조목에서 '반조' 공부를 강조하십니다. "하자는 조목과 말자는 조목에 실행이 되었는가 못 되었는가를 대조하기를 주의할 것이니라." 특히 자기가 '하고자 하는 것'을 중심으로 스스로를 반조하는 것은 수행과 인생의 성공에 있어서 매우 중요합니다.

학교 공부건, 회사 프로젝트이건, 수행의 목표이건 공부인들에게는 '하자는 조목과 말자는 조목'에 대한 다양한 유무념 거리가 있습니다. 여러 가지 유념 거리 가운데 우리는 특히 평상시 자기의 습관적 '행동'에 대해 깊이 반조해 보고 이를 우선적으로 고쳐야 합니다.

현대인들은 수없이 많은 일을 하며 살아가고 있습니다. 현대인의 삶은 과거 농경사회처럼 단순하지 않습니다. 공부인이 여러 가지를 반조해야 하지만, 본인이 특히 염두에 두고 있는 "하자는 조목과 말자는 조목"의 '실행' 여부를 돌아보아야 합니다.

열 개, 스무 개의 유무념을 동시에 챙기고 실행하기는 어렵습니다. 이는 현실적이지 않습니다. 내 수행과 인생에서 내가 지금 가장 급하고 중요하다고 생각하는 몇 가지를 유무념 조목으로 잡고, 그것의 '실행' 여부를 중심으로 자기를 돌아보아야 합니다. 이것이 '상시 응용 주의 사항'에서 대종사님의 당부입니다.

저는 개인적으로 급하고 무리하는 성향이 있습니다. 많은 공부인은 저녁에 자기를 돌아보는 시간을 가지지만, 저는 저녁에는 왠지 마음 안정이 잘되지 않아 반조를 해도 형식적으로 하는 것을 발견했습니다. 저는 아침에 반조 시간을 갖습니다. 새벽 좌선 후 간단한 청소 혹은 업무를 마치고 방에 돌아와서 세면하고 커피를 한 잔 마십니다. 이때가 필자에게 조용한 시간입니다. 이때 나의 생활과 마음 상태를 여유를 가지고 돌아봅니다. 물결이 사라져야 호수 밑에 무엇이 있는지가 잘 보이듯, 마음이 조용해져야 내 마음과 행동이 정확히 보입니다.

일본의 어떤 병원에서 1,000명의 임종 직전 환자를 대상으로 '인생에 있어서 무엇을 가장 후회하는가?'에 관한 설문조사를 했다고 합니다. 임종 직전에 사람들이 가장 많이 후회하는 것은 "내 인생 목표를 위해 최선을 다하지 못했다.", "내가 진정으로 원하는 삶을 살지 못했다.", "몸과 마음 관리를 잘하지 못했다." 등이라고 합니다.

그들은 죽음 직전에 인생을 돌아보고 아마 여러 가지 후회를 했을 것입니다. 그들이 젊고 건강할 때 자기를 돌아보고 자기 삶과 행동을 수정하는 시간을 가졌다면 그들 인생은 크게 달라졌을 것입니다. 크게 후회가 없는 삶을 살았을 것입니다.

죽음 그리고 무상無常이라는 진리 앞에 우리는 참으로 무엇이 중요하고 가치 있는지 깨닫게 되는 경우가 많습니다. “죽어가는 자의 말은 선善하다.”라는 말이 있습니다.

겨울 정기훈련을 나는 제자들에게 대종사님은 이런 당부 말씀을 하셨습니다.

> “중생들의 생활은 마치 아이들의 소꿉놀이와 같아서 큰일이나 하는 것같이 종일토록 부산히 싸대나 아무 소득이 없는 것이다. 가족 몇 식구 데리고 의식에 급급하여 탐·진·치로 죄만 짓고 사는 것이다. 부처님들은 생사의 이치와 인과의 이치가 사시 순환 주야 변천같이 되는 것을 깨달아서 육도 사생을 자유자재하는 것이다. 그러나, 중생들은 내 마음이지마는 내 마음을 내 마음대로 못 하고 물욕에 끌려서 마음을 내고 들이는 것이 마치 가을철에 마른 잎이 바람 부는 대로 쏠려 다니는 것 같은 것이다. 그대들은 여기에 주의하여 내 마음을 내 마음대로 하는 힘을 얻어서 만법 귀일의 이치를 알아서 무상 대도를 성취하기 바라노라.”(대종경선외록 선원수훈장 8절)

한국의 모 재벌 한 분이 중년 이후에 암 수술을 몇 차례 받았습니다. 60세가 넘어 받은 마지막 암 수술 이후 주치의가 다음 말을 했다고 합니다. “이제는 회복 가능성이 크게 높지 않으니 잘 준비를 하셔야 할 것 같습니다.”

예상은 하고 있었지만, 의사의 말을 듣고 그분은 화장실로 가서 세수하며 정신을 차리려 했습니다. 세면대에서 이빨을 닦기 위해 칫솔을 들었을 때, 그는 한 감상을 얻었다고 합니다. '죽어 갈 때에는 내가 이 칫솔 하나도 가지고 갈 수 없구나.'

> 대종사 말씀하시기를 "사람이 평생에 비록 많은 전곡을 벌어 놓았다 하더라도 죽을 때에는 하나도 가져가지 못하나니, 하나도 가져가지 못하는 것을 어찌 영원한 내 것이라 하리요. 영원히 나의 소유를 만들기로 하면, 생전에 어느 방면으로든지 남을 위하여 노력과 보시를 많이 하되 상相에 주함이 없는 보시로써 무루無漏의 복덕을 쌓아야 할 것이요, 참으로 영원한 나의 소유는 정법에 대한 서원과 그것을 수행한 마음의 힘이니, 서원과 마음공부에 끊임없는 공을 쌓아야 한없는 세상에 혜복의 주인공이 되나니라."(천도품 17장)

> 정산 종사 말씀하시기를 "… 화려한 제 뿔만을 사랑하고 잘못 생긴 제 다리는 미워하던 사슴이 포수에 쫓기어 숲속을 헤쳐 나올 때 저를 살려 준 것은 잘못 생겼으되 잘 뛰어준 다리였고 저를 죽일 뻔하게 한 것은 화려하되 숲에 거리끼기만 하던 뿔이었다는 이야기는 한낱 우화에 불과하나, 돌이켜 생각하면 이 세상을 여실히 풍자한 경어라 할 것이니라."(근실편 1장)

수행자는 매일 "하자는 조목과 말자는 조목을 돌아보아야 한다."라고 대종사님은 말씀하셨습니다. "그 하자는 조목과 말자는 조목"이 단지 내가 어떤 프로젝트를 잘 실행했는지 아닌지를 돌아보라는 말은 아닌 것 같습니다. 인생의 진리적, 근원적 목표와 서원하에 "하자는 조목과 말자는 조목"을 반조하라는 것입니다. "세상을 다 얻고 네 영혼을 잃으면 무슨 소용이 있으리오." 예수님 말씀입니다.

대산 종사님은 자기 전에 세 가지로 자기를 성찰하라고 말씀하셨습니다.

1. 내 한 마음이 깨칠 때 그 빛이 삼천대천三千大千 세계에 비추어져 육도미륜六途迷輪 중생을 제도하게 되고,
2. 내 한 마음이 큰 서원이 서질 때 그 소리가 공겁空劫 밖에 울려 퍼지고,
3. 내 한 마음을 참회 반성할 때 천지신명天地神明이 감응하여 영겁 청정해진다.[삼세업장三世業障이 다 녹는다]

"바보는 항상 생각, 계획만 한다."라는 속담이 있습니다. 우리 인생을 바꾸는 것은 생각과 계획이 아니라 '행동'입니다.

새 교정원 출발을 앞두고 교정원 전체 기획을 맡고 있었던 한 교무가 종법사님께 교정원의 여러 비전과 계획을 말씀드렸습니다. 종법사님은 "거창한 계획을 여러 개 세우려 하지 말고, 실행할 수 있는 것 몇 가지만 기획해라."라고 당부하셨다고 합니다.

중국과 일본에서 제일 부자인 마윈과 손정희 씨가 만나 우연

히 이런 대화를 나누었다고 합니다. 사업을 하는데 '일류 기획과 삼류 실행', '삼류 기획과 일류 실행' 이 두 가지 중 어느 쪽이 성공할 확률이 더 높으냐는 것이었습니다. 두 분 모두 "기획은 부족하지만, 실행이 훌륭한 프로젝트가 성공할 확률이 월등히 높다."라고 의견을 모았다고 합니다.

유능한 사업가인 이들의 대화는 머리로써 신앙과 수행을 하는 현대인에게 큰 보감이 됩니다.

저는 조용히 반조 시간을 가질 때 『정전』의 '계문'과 '솔성요론' 등을 자주 읽고 묵상합니다. 이미 외우다시피 하는 내용이지만, 아는 것이 중요한 것이 아니라 내가 현재 이를 얼마나 '실행'하고 있느냐가 중요하므로 묵상하는 것입니다.

> 대종사 말씀하시었다. "세상 사람들의 큰 병은 아는 데에만 힘 쓰고 실행이 없음이다."(대종경선외록 요언법훈장 14절)

> 정산 종사 말씀하시기를 "… 실행에 성의 있는 사람이라야 참으로 대종사를 알고 믿는 사람이니라."(권도편 9장)

습관이 우리 인생과 운명을 좌우하는 것을 생각할 때 반조 공부는 '작은 투자로 큰 열매'를 거둘 수 있는 효과적인 공부 방법입니다.

대산 종사님은 "취침 시에는 반드시 종합 반성하여 그날의 죄복을 결산해 보고 내일의 계획을 세운 후 본원을 다시 챙기고 청정 일념에 의지하여 잠에 드는 공부를 할 일[매일 일기, 태조사, 일일삼성-日三省]"이라고 말씀하셨습니다.

대산 종사님은 '상시 응용 주의 사항 6조'가 "원불교인의 하루 일과표"라고 하셨습니다. 공부가 특별한 데 있는 것이 아니며, 수행으로 힘을 얻는 것에 특별한 방법이 있는 것이 아니라 "상시 응용 주의 사항을 반복 훈련을 하는데 있다."라고 말씀하셨습니다.

좌산 상사님은 '상시 응용 주의 사항' 실천이 '일과에서 득력' 하는 방법이라고 말씀하셨습니다. 팔굽혀 펴기를 반복해서 팔 근육을 튼튼하게 만들 듯, 우리 마음 근육도 '상시 응용 주의 사항'을 꾸준히 반복 실천하면 크게 성장시킬 수 있습니다.

나태심, 유혹 등의 경계로 공부가 때론 퇴보하기도 합니다. 가끔 공부가 정체되기도 합니다. 그러나 꾸준히 '상시 응용 주의 사항'을 반복 수행하면, 어린 새가 날갯짓을 연습하다가 결국 창공을 날 수 있는 것처럼, 우리도 마음의 자유를 얻어 불보살의 대열에 들어설 수 있습니다.

다음은 대산 종사님 말씀입니다.

> "대종사님의 훈련법인 '정기훈련'과 '상시훈련'법은 대종사님께서 수없는 생애에 서원을 세우시고 연마해서 내놓으신 법이다."

6

교당에서의 수행

[교당 내왕 시 주의 사항]

어떤 사람들은 집에서도 신앙과 수행을 할 수 있는데 왜 구태여 교당, 절 혹은 교회에 가느냐고 말합니다. 교당이나 절에 가면 시간과 돈만 들고 기성종교의 문제점만 보이지 큰 장점이 없다고 말합니다. 그러나 우리가 법회에 오는 이유를 잘 이해하면 이런 생각들이 아주 부분적 관점, 편협된 생각이라는 것을 알게 됩니다. 절, 교당에 가는 이유는 단지 참선, 기도하거나 법회에서 법문을 듣는 것 이상의 큰 의미가 있습니다. 출가 후 오랜 법회 진행 경험을 통해, 필자는 정기적으로 법회에 참석하는 교도들 중에서도 법회 참석의 참된 의미를 제대로 이해하고 있는 사람들은 많지 않다는 것을 알게 되었습니다.

이 6장에는 대종사님이 말씀하신 법회의 참된 의미를 공부해 봅니다. 이러한 묵상은 우리가 교당 혹은 절에 가는 공덕을 한층 더 높이는 데 도움이 될 것으로 생각합니다.

대종사님의 가르침에 따르면 우리가 법회에 참석하는 이유는 다음 여섯 가지이며, 이 여섯 가지가 우리가 교당이나 절에 갈 때 주의해야 하는 사항입니다.

교당 내왕 시 주의 사항

1. 상시 응용 주의 사항으로 공부하는 중 어느 때든지 교당에 오고 보면 그 지낸 일을 일일이 문답하는 데 주의할 것이요,

2. 어떠한 사항에 감각된 일이 있고 보면 그 감각된 바를 보고하여 지도인의 감정 얻기를 주의할 것이요,
3. 어떠한 사항에 특별히 의심나는 일이 있고 보면 그 의심된 바를 제출하여 지도인에게 해오解悟 얻기를 주의할 것이요,
4. 매년 선기禪期에는 선비禪費를 미리 준비하여서 선원에 입선하여 전문 공부하기를 주의할 것이요,
5. 매 예회例會 날에는 모든 일을 미리 처결하여 놓고 그날은 교당에 와서 공부에만 전심하기를 주의할 것이요,
6. 교당에 다녀갈 때는 어떠한 감각이 되었는지 어떠한 의심이 밝아졌는지 소득 유무를 반조返照하여 본 후에 반드시 실생활에 활용하기를 주의할 것이니라.

다음 장에서는 여섯 가지 주의 사항 중 처음 세 가지 주의 사항을 공부해 보도록 하겠습니다. 이 세 가지가 법회 참석의 가장 큰 핵심이 아닌가 생각합니다.

6-1. 문답 감정의 중요성

1. 상시 응용 주의 사항으로 공부하는 중 어느 때든지 교당에 오고 보면 그 지낸 일을 일일이 문답하는 데 주의할 것이요,
2. 어떠한 사항에 감각된 일이 있고 보면 그 감각된 바를 보고하여 지도인의 감정 얻기를 주의할 것이요,
3. 어떠한 사항에 특별히 의심나는 일이 있고 보면 그 의심된 바를 제출하여 지도인에게 해오解悟 얻기를 주의할 것이요,

많은 공부인이 수행한다고 하지만 지름길을 가지 않는 경우가 많이 있습니다. 경전을 통하건, 직접 스승님의 지도를 통하건, 자기 공부길을 문답하고 감정받지 않으면 잘못된 수행길을 걸을 수 있다는 것을 잘 알아야 합니다. 주변에 신앙과 수행 생활을 오래 했지만 자기 주관과 생각에 갇혀 정도正道를 걷지 못하고 영적 성장이 거의 멈추어 버린 출가, 재가 수행자를 많이 보았습니다.

자기 얼굴을 자기가 볼 수 없습니다. 거울을 통해서 자기 얼

굴이 깨끗한지 아닌지를 알 수 있듯이, 지도인의 눈을 통해야 자기 모습과 수준을 확실히 알고 공부에 정로를 걸을 수 있습니다.

따라서 대종사님은 사람들이 교당이나 절에 다니는 첫 번째 의미를 공부인이 자기 공부를 지도인과 문답 감정을 받는 것이라고 말씀하셨습니다.

여기서 '지도인'이란 반드시 교무나 출가자를 이야기하는 것이 아닙니다. 자신과 마음과 기운을 연하는 어떤 사람도 지도인이 될 수 있습니다.

그릇이 가득 차 있으면 아무리 좋은 것이라 해도 담을 수 없듯이, 우리의 생각과 고집은 종종 우리 성장을 방해합니다. 주견을 버리고, 지도인과 문답 감정을 충실히 받아야 공부가 바른 길로 가면서 영적 성장이 일취월장하게 됩니다. 그러한 지도인을 만나야 합니다. '제자가 준비되었을 때 스승이 나타난다.'는 말처럼, 내가 공부심이 있고 마음의 준비가 되면 바른 스승은 나타나게 마련입니다.

"지낸 일을 일일이 문답하는 데 주의할 것이요"에서 '일일이'라는 단어에 주목해야 합니다. 특히 수행을 처음 시작하는 공부인들은 자기가 중요하다고 생각하는 것만 지도인과 문답하는 경우가 종종 있습니다. 그러나 미숙한 수행자일수록 자기가 걷고 있는 공부길이 최선인지 아닌지를 지도인과 '일일이' 문답하는 것이 중요합니다.

필자는 20대 중반 원광대학교 교학대학 학생 시절에 스승님인 정타원 이정은 종사님을 종종 찾아뵈었습니다. 교학대학 예비 교역자의 기숙사는 원불교 중앙총부 내에 있었고, 정타원님은 이미 퇴임하시고 총부 구내에 있는 수도원에 계셨기에 찾아뵙기가 수월했습니다.

필자는 출가식을 6개월 앞두고 출가 후 어떤 방면에서 일을 해야 할까 한 번씩 생각해 보곤 했습니다. 이 당시에 필자는 총부 구내를 자주 산책하였고, 대종사 성탑 앞을 지날 때는 그 앞에 잠시 서서 기도를 올리곤 하였습니다. 성탑 앞에 합장하고 있으면 '이 세상 모든 종교인이 화합하고 하나가 되게 하여 주시옵소서.'라는 기도가 저절로 나왔습니다. 이러한 기도가 6개월 이상 나오자 어느 날부터는 '내가 원불교에서 보은할 일터는 아마 종교연합 방면이 아닐까?'하는 생각이 들었습니다. 필자의 개인적 욕망과 관계가 없었기에 이것이 바로 진리의 인도함이라고 생각했고, 이 생각은 확신이 되었습니다.

어느 날 정타원님 방에 가서 이런저런 이야기를 하는데 우연히 제가 성탑 앞에서 이런 기도가 저절로 나온다고 이야기했고, 때문에 저의 교무로서의 진로는 아마 종교연합 쪽이 아닌가 하고 말씀드렸습니다. 심각한 상담이 아니라, 과일을 먹으면서 이런저런 이야기를 하는 가운데 자연스럽게 나온 말이었습니다. 정타원님은 제 이야기를 들으시더니 "아니다." 하시며 아주 조용하고 간단히 말씀하셨습니다. 정타원님은 가능한 한 제자들의 의견을 존중해 주시는 분이었는데, 너무 간단하고 단호하게 "아니다"라고 말씀하시는 것이었습니다. 필자는 순간 당황했습니다. 그러나 필자가 그동안 마음속에 품고 있었던 생각이 무명無明이었고, 잘못된 판단임을 '즉시' 깨닫게 되었습니다.

정산 종사님은 스승님인 대종사님을 만나기 전에는 구도 과정에서 이런저런 고민을 많이 하다가, 대종사님을 만난 후 그 고민이 '일소一掃'가 되었다고 하셨습니다.

> 정산 종사 말씀하시기를 "나는 8, 9세 때부터 보통 인간의 길을 벗어나 모든 것을 다 알고 살 수는 없을 것인가 하고 마음 고통이 심하여, 혹은 집을 뛰쳐나와 이인을 찾기도 하고 혹은 하늘에 축원도 하여 9년간을 여기저기 방황하다가, 다행히 대종사를 뵈온 그날부터는 그 모든 고통이 일소되고…."(기연편 9장)

일소一掃의 사전적 의미는 '한꺼번에 싹 제거함'입니다. 하나 일一, 빗질한 소掃입니다. 즉, 어떤 것을 한 번에 빗질해서 단박에 없앤다는 뜻입니다.

그날 정타원님의 "아니다"라는 말씀을 들었을 때, 필자의 마음속 여러 생각과 갈등이 '일소'되었습니다. 필자가 대종사 성탑 앞에 설 때 마음속에서 세계평화와 세계종교인의 연합에 관한 기도가 나온 것은 대종사님의 염원이라서 그런 것이지, 그것이 필자의 진로와 관계된 것은 아니라는 것을 알게 되었습니다.

그날 갈등이 단박에 없어지고 정타원님 방을 나와 수도원 복도를 걸을 때, 필자의 마음은 마치 하늘 위의 구름을 걷는 듯 맑아지고 환희심이 가득 차올랐습니다.

이같이 우리 공부인들은 설사 어떤 일과 판단에 확신이 있을지라도, 이것이 잘못된 방향일 수 있으니 지도인과 '일일이' 문답해야 합니다.

'일일이' 문답을 한다는 것은, 단지 궁금한 점을 묻거나 잘하고 있는 부분만 확인받는 것이 아닙니다. 부족한 점과 부끄러운 점까지 지도인에게 솔직히 드러내고 지도받는 것을 뜻합니다. 실제로 필자의 도반들을 보면 자신이 잘한 부분은 기꺼이 문답을 요청하지만, 창피하고 드러내기 어려운 부분은 숨기려는 경향이 있었습니다. 그러나 단점을 숨기지 않고 지도인에게 정직하게 말하는 사람일수록 공부가 빠르게 성장하는 모습을 보여왔습니다.

출가 후 필자는 바로 정남貞男 서원을 하였습니다. 그러나 어느 정도 시간이 흐른 뒤, 한 여성에게 마음이 끌렸습니다. 그녀는 매우 미인이었고, 필자의 생각으로는 그분을 가끔 생각하거나 한 번씩 만나는 일이 공부를 직접 방해하는 것 같지 않았습니다.

그러던 어느 날, 이를 스승님께 솔직하게 말씀드렸습니다. 감정을 받기 위함이었습니다. 스승님은 만나도 된다, 만나지 말라와 같은 직접적인 말씀은 하지 않으셨습니다. 다만, "이 선택을 하면 이런 과보가 있고, 저 길을 가면 저런 과보가 있다."라고 하시며, 선택과 결정은 궁극적으로 자기 자신에게 달려 있다고 하셨습니다. 그 여성을 만나는 것이 지속되면 필자의 공부에 손해가 난다는 뜻을 간접적으로 말씀하신 것 같았습니다.

그 말씀을 듣고 마음이 바로 정리되었습니다. 스승님의 힘인지, 아니면 제 자신의 정직함과 용기였는지 모르지만, 그 이후로 그녀에 관한 생각은 나지 않았습니다. 문답하는 데에도 정직과 용기가 필요하다는 것을 깨달았습니다. 대종사님이 말씀하신 대로, 수행자는 '일일이' 문답을 해야 하는 것입니다.

부처님은 "삼가 네 뜻을 믿지 말라."[사십이장경 28]라고 말씀하셨습니다. 정산 종사님은 "돌다리도 두들겨 보고 건너라."라는 한국 속담을 인용하며, 공부에 있어서 지도인과의 점검을 강조하셨습니다. 좋은 나무라도 전문가의 손질을 받으면 더 멋지고 더 건강한 나무로 성장하듯, 우리도 스승님의 지도를 받으면 더 성장할 수 있습니다. 왜냐하면, 스승님은 더 멀리 그리고 더 깊게 보시는 분이기 때문입니다.

1조의 서두는 "상시 응용 주의 사항으로 공부하는 중…"으로 시작합니다. 아무리 주위에 수승한 지도인들이 있더라도, 자신이 공부심과 공부 거리가 없으면 스승님이 눈에 들어오지 않게 되고, 문답 감정을 받을 사항도 생기지 않게 됩니다. 본인이 공부해야 문답 거리가 생깁니다. 따라서 '상시 응용 주의 사항으로 공부'를 해야 하는 것입니다. 공부인은 자기가 공부심으로 항상 가득 차 있는가를 우선 잘 살피고, 자기를 지도하는 스승님, 지도인이 있는가를 잘 살펴서, 자기 성장을 지도해 줄 참 스승님을 사모해야 합니다.

> 이제성이 묻기를 "무슨 방법으로 하여야 큰 공부를 하오리까." 정산 종사 답하시기를 "스승과 사이가 없어야 하나니라." 또 묻기를 "사이가 없기로 하면 어떻게 하오리까." 답하시기를 "신信만 돈독하면 자연 사이가 없나니라."(응기편 20장)

존경을 많이 받고 명망이 높은 교무님이나 스님 등은 바쁘고 시간을 내기가 힘든 경우가 종종 있습니다. 특히 일요일 법회 후에 바쁘신 교무님들이 많이 계십니다. 그래서 대종사님은 1조에 "어느 때든지 교당에 오고 보면…."이라고 말씀하십니다. 자기가 시간을 내어서 일요일이 아닐지라도 주중에 여유 있는 시간을 만들어 지도인과 문답해야 합니다. 결국 모든 것이 자기 공부심에 달린 것입니다.

대종사님은 고경을 강의하실 때, 예를 들어 『금강경』을 강의하실 때 "우리 석가모니 부처님을 모시고 공부하자."라고 말씀하시고 『금강경』 강의를 시작하셨고, 노자 『도덕경』을 강의하실 때 "우리 노자님을 모시고 공부하자."라는 말씀을 하시고 『도덕경』 강의를 시작하셨습니다. 스승님과 마음과 기운을 연할 때 공부인은 수행에 힘을 받고 공부가 일취월장합니다.

『화엄경』의 선재동자 구도기는 다름이 아니라 여러 스승님을 찾는 경로입니다. 내가 과연 마음을 연하는 지도인이 있는가, 또한 그의 지도를 받을 준비가 되어 있고, 실지 문답을 잘하고 있는가를 잘 반조해 보아야 하겠습니다.

절 법당에 있는 관세음보살상 머리에는 수많은 부처님이 새

겨져 있습니다. 이는 관세음보살님이 당신의 발심에서 성불에 이르기까지 도움을 준 여러 스승님을 머리에 그려 마음에 항상 모시고 있다는 것을 의미합니다. 내게 얼마나 많은 스승님이 계시는가, 또한 내가 얼마나 이분들과 마음과 기운을 합하고 있는가를 잘 반조해 보아야겠습니다.

필자는 스승님들과 마음과 기운을 연하기 위해 수시로 대종사님과 혹은 때때로 문수보살님과 마음의 대화를 나눕니다. 이 대화의 내용은 심각한 것이 아니라, 보통 어린아이가 마음씨 좋은 아버지께 이런저런 이야기를 하듯 하는 일상적인 대화입니다. 그러나 이런 마음속 대화에서 필자는 대종사님과 더욱 가까워지고, 보이지 않게 제불제성으로부터 인도받고 있음을 느낍니다.

교당 내왕 시 둘째·셋째 주의 사항은 다음과 같습니다.

2. 어떠한 사항에 감각된 일이 있고 보면 그 감각된 바를 보고하여 지도인의 감정 얻기를 주의할 것이요,
3. 어떠한 사항에 특별히 의심나는 일이 있고 보면 그 의심된 바를 제출하여 지도인에게 해오解悟 얻기를 주의할 것이요,

다음은 조계종에서 존경받고 있는 한 큰 스님의 이야기입니다. 그 스님이 행자로 있을 때, 어느 날부터 마음이 맑아지더니 사람들이 절에 언제 오고 가며, 무슨 일이 앞으로 일어나게 되

리라는 것 등이 보이기 시작했습니다. 어느 날, 이를 주지 스님에게 말씀드리니 주지 스님은 "그 이야기는 오늘 저녁에 다시 한번 내게 들려주거라."라고 하셨습니다. 저녁 식사 후에 행자 스님이 주지 스님 방에 들어가니, 스님은 정식으로 법복을 잘 차려입고 단정히 앉아 계셨습니다. "다시 한번 네 경험을 이야기해 보거라."라고 주지 스님이 말씀하시자, 행자 스님이 자신의 경험을 이야기했습니다. 주지 스님은 옆 방바닥에 놓인 법장을 들고 "야, 이놈이 이런 것에 관심을 두네!" 하며 행자 스님의 등을 세게 쳤습니다. 행자 스님은 너무 당황했고 깜짝 놀라서 황급히 방에서 빠져나왔는데, 그날 이후부터 그러한 경계가 없어져 버렸다고 합니다.

교당 내왕 시 둘째·셋째 주의에 따르면, 공부인은 지도인과 늘 감정을 받고 해오解悟를 받아야 합니다. 특히 공부인이 중근병에 걸릴 때, 스승의 감정을 받는 것이 매우 중요합니다. 지도인과의 감정과 해오가 우리를 사도邪道에서 건져내고, 항상 정도正道로 이끌어 줍니다.

서울의 비싼 뷔페를 가면 좋은 음식들이 많이 있습니다. 법회를 오래 다녔지만 지도인이 없고, 스승님과의 문답과 감정, 해오가 없는 분들은 비싼 뷔페를 가서 김치, 미역국만 먹고 오는 셈입니다. 물론 배는 채울 수 있지만, 많은 돈을 낸 의미가 없습니다. 교당에 다니는 진정한 의미를 잘 생각해야겠습니다.

우리가 어릴 때는 어른들이 이런저런 충고를 잘해줍니다.

그러나 어른이 되면 직언과 충고를 해주는 사람들이 주위에 거의 없어집니다. 사람들은 상대의 귀를 즐겁게 해주는 말을 하려 하지, 충언과 같이 귀에 거슬리는 말은 잘하려고 하지 않기 때문입니다. 맛있는 음식이 반드시 건강에 좋은 음식은 아닙니다. 충언이 끊어질 때 영적 성장의 속도가 늦추어지고 수행자는 잘못된 길로 접어듭니다. 초급 수행자이건 상급 수행자이건 항상 겸허한 자세로 충고를 받아들일 줄 아는 마음 자세가 중요합니다.

> 대종사 말씀하시기를 "기술을 배우는 사람은 그 스승에게 기술의 감정을 받아야 할 것이요, 도학을 배우는 사람은 그 스승에게 시비의 감정을 받아야 하나니, 기술을 배우는 사람이 기술의 감정을 받지 아니하면 그 기술은 줄 맞은 기술이 되지 못할 것이요, 도학을 배우는 사람이 시비의 감정을 받지 아니하면 그 공부는 요령 있는 공부가 되지 못하리라. 그러므로, 내가 항상 그대들에게 일과 이치 간에 잘한다 잘못 한다 하는 감정을 내리는 것은 그대들로 하여금 굽은 길을 피하고 바른길을 밟게 하고자 함이어늘, 만일 나에게 감정받기를 꺼린다든지 그 잘한다 잘못 한다 하는 데에 불만을 가진다면 본래 배우러 온 목적이 그 무엇이며 공부는 어떻게 진취될 것인가. 나뿐 아니라, 누구든지 정당한 비판과 충고는 그대들의 전도에 보감이 되는 것이어늘, 그 전도를 열어 주는 은인恩人에게 혹 원망을 가진다면 또한 배은자가 되지 아니하겠는가. 그런즉, 그대들

은 내가 그대들에게 잘한다 잘못 한다 하는 데에나 세상이 잘 한다 잘못 한다 하는 데에나 다 같이 감사하는 동시에 공부의 참된 요령을 얻어 나가기에 더욱 힘쓸지어다."(수행품 49장)

6-2. 정기훈련의 중요성

4. 매년 선기禪期에는 선비禪費를 미리 준비하여 가지고 선원에 입선하여 전문 공부하기를 주의할 것이요,

사하라 사막에서 열리는 마라톤Marathon Des Sables이 있습니다. 일반 마라톤보다 6배나 더 긴 이 경기의 코스에서 참가자들이 가끔 사망하기도 합니다. 그 원인은 사막의 독뱀, 전갈 등에 물려서가 아니라 탈수증 때문입니다. 선수들이 물병을 가지고 뛰는데 탈수 때문에 쓰러진다고 하는 것이 이상합니다. 그 이유는 사막이라는 건조한 환경에서 땀이 피부에서 발산되자마자 바로 증발하기에, 경주자들이 실제로 갈증을 잘 느끼지 못하기 때문입니다. 또한 다른 선수들이 열심히 뛰니 자신도 열심히 달려야 해서 갈증을 잊어버린다고 합니다. 그러다 보니 어느 순간 사막에서 탈수로 쓰러져 죽는 것입니다.

우리 인생도 마찬가지입니다. 경쟁 사회를 살아가는 우리의 몸과 마음은 많이 지쳐 있지만, 현대 사회는 우리에게 충분한 휴식을 허락하지 않는 경우가 많습니다. 다른 사람과 비교하

며 끊임없이 경쟁적으로 일해 온 사람들이 어느 순간 건강을 잃어버리거나, 정신이 황폐하게 되는 경우가 많이 있습니다. 고위 공직자로 있는 필자의 친구도 몇 년 전 심장마비로 순직했는데, 근본 원인은 과로였습니다.

우린 때때로 어떤 인생을 살고 있는지, 어떤 목표로 살고 있는지를 조용히 돌아보아야 합니다. 열심히 사는 것도 중요하지만, 인생의 방향이 잘못되어 있다면 노력과 희생이 의미를 잃어버릴 것입니다.

예수님은 "천하를 얻어도 네 영혼을 잃으면 무슨 소용이 있겠느냐?"라고 말씀하셨습니다. 내가 인생에서 추구하고 얻으려고 하는 것이 과연 진정한 가치가 있는가? 혹은 다른 사람들이 중요하다고 생각하니 나도 타인의 이목을 생각해서 덩달아 이를 얻으려 하는 것은 아닌지 잘 반조해 보아야 합니다. 그리고 무엇보다 우리 인생은 마라톤이지, 단거리 경주가 아닙니다. 단거리 경주와 마라톤 경주의 요령은 다릅니다. 때론 쉬면서 여유 있게 달리는 것이 결승점에 빨리 도달하는 방법일 수 있습니다.

자동차를 운전할 때, 내가 가는 방향이 맞는지 확신이 들지 않을 때는 차를 멈추고 차 밖으로 나와서 방향을 재확인하거나 지도를 다시 봅니다. 또는 차를 멈추고 내비게이션에 목적지를 다시 입력하기도 합니다.

우리 인생을 근원적으로 되돌아보기 위해, 또는 인생이란 마라톤에서 몸과 마음을 재충전하기 위해 우리는 '멈추는' 행위가 필요한데, 이것이 바로 '선원에 입선하여' 정기훈련 '전문 공부'

를 하는 이유입니다.

우리가 집에서, 혹은 교당이나 절에서 기도와 좌선, 경전 공부를 하는 것도 필요하지만, '선원'이라는 전문 기관에서 재충전하는 시간을 갖는 것은 참으로 의미가 있습니다. 이는 마치 우리가 매일 세수를 하고 손을 씻지만, 때론 온몸을 씻는 샤워가 필요한 것과 같습니다.

> "매년 선기禪期에는 선비禪費를 미리 준비하여 가지고 선원에 입선하여 전문 공부하기를 주의할 것이요."

필자는 '선원에 입선하여,' 이 구절이 중요하다고 생각합니다. 그 뜻은 '일단 집을 떠나 다른 환경에서' 자기 인생을 바라보고 재충전하라는 것입니다.

한국에서 존경받는 한 강사분의 이야기입니다. 그분은 시간이 날 때 초등학교에 다니는 딸을 종종 학교에 데려다주곤 했습니다. 어느 날, 딸을 학교에 내려주고 우연히 차를 세운 다음, 딸이 학교 건물에 들어가는 것을 차에서 바라보았다고 합니다. 그런데 딸이 학교 건물 입구 계단을 올라가는 것을 보고 딸의 다리 모양이 바르지 않다는 것을 알았습니다. 얼마 후, 딸을 병원에 데려가니 의사는 "딸의 다리가 X자로 휘어져 있으며, 다행히 성년이 아니기에 다리 교정이 가능합니다."라고 말했습니다. 그 말을 듣고서야 왜 그동안 딸이 학교 운동장 혹은 놀이터에서 자주 넘어졌는지 이해가 되었습니다. 의사는 아이의 휘어진 다리는 유전적인 것이 아니라 앉고 서고 걷는 등의 잘못된 습관으로 형성된 것이라고 하며, 어떻게 아버지로서 딸의 다리가 이렇게 변형이 될 때까지 몰랐느냐고 물었습니다.

그 강사분은 딸과 집에서 많은 시간을 보냈는데 왜 그동안 딸 다리의 정확한 모습을 보지 못했을까요? 다행히 그날 딸을 '멀리서' 바라보았기에, 비로소 딸 다리의 모습을 정확히 볼 수 있었습니다.

우리 인생도 마찬가지입니다. 때론 몇 걸음 뒤로 물러서서 바라봐야 내 인생의 참모습이 보입니다. 숲속에 있으면 숲 전체의 모습을 볼 수 없는 것과 같은 이치입니다.

집에서 하는 상시훈련, 수행도 중요하지만 '선원에 입선하여', 즉 집을 떠나서 전문 기관에서 훈련받는 것은 큰 의미가 있습니다. 수의사 말에 따르면, 하물며 집에서 기르는 애완동물도 때론 다른 환경에서 휴가를 보내는 것이 그들 정신 건강에 도움이 된다고 합니다.

전문 기관에서는 집에서 스스로 하는 수행과 달리, 지도자와 도반이 함께하므로 공부가 더욱 깊어지고 크게 진척됩니다. 숭산 스님은 "감자 한 통 씻는데 하나하나 씻으면 시간과 물이 많이 소요되나, 큰 통에 한꺼번에 부어놓고 같이 씻으면 감자들이 서로 부딪치게 되어 쉽고 빠르게 씻을 수 있다."라고 하셨습니다. '함께'하는 수행에서는 집단 에너지로 인해 모든 과정이 더 효과적이고, 명상도 집에서와 달리 깊게 들어갈 수 있습니다.

그렇다면, "선원에 입선하여 전문 공부하기를 주의할 것이요"에서 '전문 공부'란 무엇을 말하는 것일까요?

'선원에 입선'한다는 것은 집에서 하는 상시훈련이 아니라 '정기훈련'을 받으러 가는 것입니다. 원불교 『정전』에 정기훈련은 다음과 같이 정의되어 있습니다. "정기훈련법은 정할 때 공부로서 수양·연구를 주체 삼아 상시 공부의 자료를 준비하는 공부법이 되며…."

여기서 전문 공부라고 하는 것은 '정신 수양'과 '사리 연구' 공부를 말합니다.

"정신이란 쓰는 것이며, 수양이란 쉬는 것이다." 대산 종사님 말씀입니다. 항상 머리를 쓰며 사는 현대인은 마음의 불을 끄고 재충전하기 위해, 선원에 입선하여 우선 정신 수양을 해야 합니다.

부처님은 이 세상과 사람들의 마음이 '불타고 있다'라고 하셨습니다. 우리의 마음이 욕심과 집착, 화냄과 증오, 무지와 망상이라는 불에 타고 있다고 하셨습니다. 자동차도 오래 달리면 엔진이 과열돼서 휴식이 필요한데, 끊임없이 머리를 써야 하는 현대인은 얼마나 정신의 휴식이 필요하겠습니까?

늦가을에 나무가 모든 잎을 떨구고 겨울 동안 에너지를 뿌리에 보내어, 다음 해 봄에 잎과 꽃을 활짝 피우는 준비를 하듯이 우리도 이런 재충전, 함축의 시간이 필요합니다.

선원 또는 훈련원을 영어로는 Retreat Center라고 하는데, 'Retreat'이라는 말은 글자 그대로 '물러나다'라는 뜻입니다. 즉, "바쁜 일상생활로부터 우리의 몸과 마음을 물러나게 한다."라는 의미입니다. 무엇보다도, 우리가 평소에 보고 듣고 생각하는 등의 활동을 일단 멈춘다는 뜻입니다.

부처님은『금강경』에서 말씀하셨습니다.

> "수보리야 보살이 일체 상을 여의고 아뇩다라삼먁삼보리심을 발할지니, 마땅히 색에 주하여 마음을 내지 말며 마땅히 소리와 냄새와 맛과 부딪침과 법에 주하여 마음을 내지 말고 마땅히 주한 바 없는 마음을 낼지니라."(금강경 14장)

우리가 진리를 깨치고 우리 본성에 거하기 위해서는 우선 보고 듣고 맛보고 생각하는 등의 일체 감각기관의 작용으로부터 우리 마음을 벗어나게 해야 한다는 법문입니다. 우리가 선원에, 즉 Retreat Center에 가는 중요한 이유 중 하나는 우리 마음이 보고 듣고 생각하는 것으로부터 벗어나 본성을 회복하게 하기 위함입니다. 그러나 제가 근무하는 원달마센터에 정기훈련을 받으러 온 사람들을 보면 어떤 사람은 훈련받으면서도 계속 휴대전화를 보거나, 타인과 필요 이상의 대화를 많이 하기도 합니다. 이는 몸만 선원, 훈련원에 왔지, 마음으로 수양하고 있는 것이 아닙니다. 가능한 한 선원에서 뿐만 아니라, 우리 일상생활에서도 타인과 많은 이야기를 하거나, 필요 이상으로 TV, 유튜브, 신문, 잡지 등을 보는 활동을 삼가야 합니다. 우리의 일상 습관을 심각히 돌아보아야 합니다. 크게 중요하지 않은 정보를 얻기 위해 참된 지혜와 안락, 마음의 힘을 희생시키는 어리석은 습관을 멈추어야 합니다.

정기훈련에서 '전문 공부'란 사리 연구 공부 또한 포함합니다.

정신 수양과 사리 연구 과목은 분리될 수 없습니다. 호수 위의 물결이 사라져야 표면에 달 모습이 그대로 담길 수 있습니다. 우리 마음이 고요해져야 불안과 잡념이 없어지고, 정신 수양이 돼서 참 지혜가 드러납니다. 선원이나 훈련원에서 염불, 좌선, 행선 등으로 마음이 충전되고 안정되면 밝은 지혜가 저절로 드러납니다.

모세가 이집트 궁전이라는 좋은 환경에서 최고의 교육을 받았을 때는 하나님을 만나지 못했습니다. 이집트를 떠나 광야에서 목동으로 40년간 있으며, 모든 감각기관과 생각을 놓고 참으로 단순하고 평범한 사람이 되었을 때 비로소 모세는 하나님을 만났습니다. 이는 참으로 의미심장한 진리입니다. 참 지혜는 마음이 단순하고 고요해졌을 때 드러나는 것입니다.

출가한 원불교 교무님이나 스님의 이야기를 들어보면 그들은 원불교의 영산과 삼동원, 불교의 자두마을 등 훈련원에서 정기훈련을 받거나, 명상센터 등지에서 장기 체류하며 자신의 인생을 돌아본 후 출가 결정을 내렸다고 합니다. 큰 결정을 내리기 전에 우리 마음이 우선 안정되어야 합니다.

선원이나 훈련원에서는 선과 명상만 하는 것이 아니라, 경전을 읽고 진리에 관한 법문을 들음으로써 지혜를 단련합니다. 우리가 완전히 깨치지 못했다고 하더라도 경전을 통해 부처님과 성현의 지혜를 빌릴 수 있으며, 어느 선원이나 훈련에서도 선과 명상 훈련이 진행될 때 법문과 회화 같은 지혜 단련 프로그램이 있습니다.

필자가 선원에서 하는 정기훈련을 권하면 사람들이 많이 하는 말은 "교무님, 저도 가고 싶은데, 시간이 나지 않네요."입니다.

우리가 바쁘다면 무엇을 위해 바쁜가를 반조해 보아야 합니다. 우리가 추구하는 것이 진리적으로 큰 가치와 의미가 없다면 후회하는 인생이 될 것입니다. 설사 우리가 원하는 것을 얻어도 나의 희생에 비해 그 얻은 것의 가치가 얼마나 있는가를 반조해 보아야 합니다. 등산할 때 산 정상에 서서 산 아래 전경을 굽어보는 순간도 중요하지만, 한발 한발 산에 올라가는 그 과정 자체가 중요하며, 이 과정을 즐기는 것이 등산입니다. 우리 인생도 등산과 같은 여정입니다.

개구리는 멀리 뛰기 위해 일단 움츠립니다. 예수님도 공생애公生涯를 시작하신 후 가끔 시간을 내어 사람들이 없는 곳으로 물러나 휴식을 취하셨습니다. 부처님도 7일 입정, 7일 출정[설법], 즉 일주일간 법문을 하신 후 다음 한 주는 묵언과 명상으로 쉬며 적공하는 시간을 가졌습니다. 바쁜 미국 대통령들도 다 휴가를 갑니다.

그러나 갑자기 시간을 내기가 힘든 경우가 많기에, 우리는

'미리' 계획을 세우고 마음의 준비를 해야 합니다.

> "매년 선기禪期에는 선비禪費를 미리 준비하여 가지고 선원에 입선하여 전문 공부하기를 주의할 것이요."

'선비를 미리 준비'하라는 말은 단순히 돈뿐만 아니라 마음의 준비를 미리 하라는 뜻으로 이해할 수 있습니다. 마음이 준비되면 돈과 시간이 나오기 마련입니다.

심장과 혈압에 문제가 있었던 한국의 한 부유한 사업가가 어느 날 대산 종사님을 찾아왔습니다. 대산 종사님은 그분에게 "그 병은 약으로 되는 것이 아니다. 쉬어야 한다."라고 말씀하셨습니다. 참으로 평범한 말씀이지만, 몸과 마음이 지쳐있을 때 이를 잘 묵상해 보아야 합니다.

아이가 울 때 잘 먹이고 잘 재우면 더 이상 보채지 않습니다. 우리 마음에서 여러 근심과 실망, 좌절이 생기는 것은 우리 마음속의 어린아이가 우는 것과 같습니다. 진리를 추구하고 살아가면 마음이 편안해지고 많은 문제가 저절로 해결됩니다. 그러나 세상 것을 추구하고 남과 비교하며 살면 잘 쉴 수가 없습니다.

"진리가 너희를 자유롭게 하리라."라는 예수님의 말씀처럼, 인생의 목표를 우선 진리적으로 맞추어야, 쉴 용기와 여유가 생깁니다. 필자가 좋아하는 성경 구절은 "수고하고 무거운 짐을 진 자들아, 다 내게로 오라. 내가 너희를 쉬게 하리라."입니다. (마태11:28) "내가 너희를 쉬게 하리라."라는 예수님의 말씀처럼 우리가 진리 안에 거해야 참으로 진정한 휴식을 할 수 있습니다.

한국에서 존경받는 한 신부님이 40대 중반의 여자분과 면담을 했습니다. 그녀는 암 말기 진단을 받았고, 의사 말에 따르면 1년 이상 살 수 없는 상태였습니다. 자식도 두 명 있는 그분이 젊은 나이에 세상을 떠난다고 생각하니 신부님은 너무 안타까워 이런저런 위로의 말을 했습니다. 그런데 그 여자분은 자기가 세상을 일찍 떠나는 것에 실제로 크게 아쉬운 점이 없다고 말했습니다. 남편도 경제적으로 여유가 있고, 애들도 다 대학에 갔기에 걱정할 것은 없으나, 단 한 가지의 아쉬움이 있다고 말했습니다. 그동안 남편과 자식을 돌보며 인생을 살아왔는데, 남을 돌보기만 했지 정작 자기 자신은 돌보지 못했다는 것이었습니다.

우리는 남편, 아내, 가장, 어머니, 며느리, 회사 사원 등 다양한 모습을 가지고 세상을 살아갑니다. 가족과 주변 사람을 위해 살다가 참 나를 잊어버리고 살고 있지 않은가를 돌아보아야 합니다.

비행기가 많이 흔들리면 산소마스크가 떨어집니다. 이때 옆의 자식, 아내, 남편 등 다른 사람을 돕기 전에, 자신이 먼저 마스크를 쓰는 것입니다. 부처님도 우선 자신을 먼저 구원한 후, 타인에게 구원의 손을 내밀었습니다.

하루에도 몇 번씩 세수하고 손을 씻어도 목욕하는 것과는 다릅니다. 집에서 상시훈련을 하고, 교당 혹은 절에 정기적으로 다닐지라도 일 년에 몇 번 시간을 내어 선원과 훈련원에서 자기를 충전하는 시간을 내어야 합니다. 이는 배고픈 사람이 건강한 음식을 섭취하는 것과 같이 우리 인생에 큰 활력을 줍니다.

원달마 명상센터에서는 정기훈련을 마치고 훈련 참석자들이 둘러앉아 감상담을 나누는 시간을 종종 가집니다. 그중 몇 년 전에 어느 중년 여자분이 한 감상담이 기억납니다. 자신은 기도, 명상 등 영성, 종교에 전혀 관심이 없었는데, 딸이 생일 선물로 원달마센터 3박 4일 정기훈련 참석권을 주어서 훈련에 참여하게 됐다고 했습니다. 그렇게 선과 명상을 배우고 재충전을 하고 보니, 이 시간이 그동안 받은 생일 선물 중 가장 소중한 것이었다고 말했습니다. 많은 사람이 그분을 부러워하는 것 같았습니다. 그래서 제가 훈련객들에게 "남이 정기훈련 티켓 주기를 기다릴 필요가 없습니다. 정기적으로 내가 스스로 나에게 선물로 주면 됩니다."라고 말한 기억이 납니다.

그 여성분이 정기훈련을 통해 거듭났듯이 많은 사람이 정기훈련을 통해 다시 태어납니다.

대나무가 속이 비어 있지만, 곧게 클 수 있는 이유는 중간중간 마디가 있기 때문입니다.

6-3. 법회의 중요성

5. 매 예회例會날에는 모든 일을 미리 처결하여 놓고 그날은 교당에 와서 공부에만 전심하기를 주의할 것이요.

오철환 대봉도님은 원불교 재가교도이지만 신앙과 수행을 열심히 하여서 종사위 성위에 오르신 분입니다. 오철환 대봉도님이 젊은 시절 당시 종법사님인 대산 종사님께 "어떻게 공부해야 할까요?"라고 여쭈어보셨습니다. 대산 종사님은 "법회 빠지지 마라"라고 말씀하셨다고 합니다.

약국을 경영하셨던 오철환 대봉도님은 그 이후 돌아가시기 전 마지막 일요일을 제외하고 평생 법회에 빠지지 않으셨다고 합니다.

예회例會 혹은 법회法會란 법의 모임이라는 뜻으로, 정기적으로 스승님과 도반과 함께 법을 공부하고 수행을 점검하는 모임입니다.

대종사님은 상시 응용 주의 사항에서 "매 예회날에는 모든 일을 미리 처결하여 놓고 그날은 교당에 와서 공부에만 전심하기를 주의하라."라고 말씀하셨습니다.

어떤 이는 신앙과 수행을 집에서, 혹은 다른 곳에서도 할 수 있는데 꼭 교당에 와야 하느냐고 묻습니다. 예회날 법회에 참석하는 것은 헬스클럽에 등록해서 정기적으로 가는 것과 흡사합니다. 집에서도 운동할 수 있지만 헬스장에 가면 많은 운동기구가 있고, 다른 사람들이 열심히 운동하기에 그 기운에 힘입어서 자기도 저절로 운동하게 되어, 집에서 운동하는 것보다 더 효과적이며 동기 부여가 잘 됩니다. 좌선, 경전 공부, 기도도 집에서 할 수 있지만, 교당에 오는 핵심은 교당 내왕 시 주의 사항 1, 2, 3조에서 밝힌 바대로 스승님과 도반과 문답, 감정을 통해 공부와 생활을 다시 점검받아 우리의 수행길과 인생길을 더욱 진리적 방향으로 재조정하기 위함입니다.

불지에 오르는 것은 높은 산을 올라가는 것과 흡사합니다. 산에 혼자 갈 수도 있지만, 익숙하지 않고 험한 산을 혼자 오르면 길을 잃어버리거나 위험에 처할 수도 있습니다. 또한 산행하는 데 어려운 상황을 만나면 포기 하고 싶은 유혹을 받을 수도 있습니다. 그러나 노련한 가이드가 있고, 함께 갈 수 있는 도반이 있으면 산 정상에 오르는 것이 훨씬 쉬워집니다. 그래서 많은 사람들이 등산 동호회에 가입하는 것이 아닌가 생각합니다.

인생은 고통과 불만족으로 가득 찬 여정이며, 인간 고를 해결하는 근본 방법은 진리를 깨쳐 진리와 하나가 되는 성불의 길이기에, 법회에 정기적으로 참석하는 것은 '성불 동호회'에 가입하는 것과 흡사합니다.

세상 사람들은 물질, 명예, 보석 등을 귀하게 여기지만, 진리의 눈을 뜬 부처님은 이 세상에 세 가지 중요한 보배가 있다고 하셨습니다. 이것이 바로 불법승입니다. 진리를 깨친 부처님, 부처님이 가르쳐 준 법, 그리고 진리를 향해 나아가기 위해 수행하는 사람들의 모임이 바로 삼보, 즉 세 가지 보배입니다.

부처님과 부처님 법의 중요성은 많은 사람들이 잘 알고 있지만 수행 집단, 혹은 승단sangha의 중요성을 잘 아는 사람은 많지 않은 것 같습니다. 수행하는 집단, 혹은 회상에 참여하지 않고 혼자 공부해서 성불할 수 있다고 생각하는 사람은 혼자 에베레스트산에 올라가겠다고 생각하는 사람과 같습니다. 미지의 험한 산을 오르려면 참으로 준비해야 할 것이 많습니다.

대산 종사님은 "혼자서 공부하면 수천, 수만 가지 마장이 따라붙는다."라고 말씀하셨습니다. 부처님이라는 가이드가 있고, 가이드가 가르쳐 주는 산행 방법, 즉 부처님의 법이 있고, 함께하는 도반과 산행하면 성불이라는 높은 산 정복도 가능합니다. 혼자 공부할 때 생기는 수많은 유혹, 마장, 미혹, 게으름 등도 함께 공부하면 사라집니다. 과거 경봉 스님은 혼자 토굴에서 공부하겠다고 하는 스님들에게 "제일 좋은 토굴은 대중 토굴이다."라고 말씀하시곤 했습니다.

성불, 불지로 향해 나아가는 것은 보통 사람이 가지 않는, 참으로 낯선 여정이기에 진리를 깨친 일체 부처님과 그분들의 가르침, 그리고 신앙 수행하는 법의 동지와 함께해야 하며, 이것이야말로 참으로 인생의 보배라는 것을 잊어서는 안 됩니다. 법회를 시작할 때마다 "부처님께 귀의합니다. 부처님 가르침에 귀의합니다. 스승님과 도반에게 귀의합니다." 하며 삼귀의를 외우는 데는 다 이유가 있습니다.

성불의 두 가지 요소는 복福과 지혜智慧입니다. 건강한 육신, 물질적 풍요, 좋은 머리 등 복에도 여러 가지 형태가 있습니다. 부처님은 여러 가지 복 중에서 가장 큰 복은 '인연복'이라고 말씀하셨습니다. 부모·형제·친구를 잘 만나는 것도 중요하지만, 자기를 진리로 안내해 주는 스승님을 잘 만나는 것이 더욱 중요하다고 대산 종사님은 말씀하셨습니다. 세상을 살면서 부모·형제·친구를 잘 만나는 것은 인복人福이며, 부처님의 가르침, 혹은 스승님을 잘 만나는 것을 천복天福입니다. 천복 뒤에는 인복이 따르지만, 인복 뒤에는 천복이 따르지 않는다고 말씀하셨습니다.

부처님은 한곳에 머무르지 않고 많은 곳을 돌아다니며 가르침을 폈습니다. 많은 사람을 만나 그들과 인연을 맺기 위함입니다. 부처님은 걸식하며 하루에 한 끼 식사하셨는데, 한 집에서 공양을 다 받지 않고 일곱 집을 방문하며 집마다 조금씩 공양을 받았습니다. 이를 칠가식七家食이라고 합니다. 이 역시 부처님이 많은 사람과 인연을 맺기 위함이었습니다. 인연이 없는 중생은 제도할 수 없다고 하였습니다. 부처님과 악연이라도 있으면 부처님을 만날 기회가 생겨 제도의 손길이 닿을 수 있지만, 인연이 없으면 애초에 부처님을 만날 수 없기에 구원의 기회가 없게 됩니다.

우리가 법회에 참석하게 되면 신앙과 수행 면에서 쉽게 성숙할 수 있을뿐더러, 부처님과 부처님 법과 더욱 깊은 인연을 맺게 됩니다. 영생을 통해 구원받을 수 있는 기연을 마련하는 것입니다.

정기적으로 법회에 참석하는 것이 큰 이익이 되므로, 부처님은 "모든 수행인은 10리 안에 열리는 법회에 참석하라."라고 말씀하셨습니다. 과거에 대중교통이 그렇게 불편했는데도 이렇게 말씀하신 것입니다.

대종사님은 "그날은 교당에 와서 공부에만 전심하기를 주의"하라고 말씀하셨습니다. 즉 일주일에 한 번 하는 법회 날에는 법회 보는 것으로 끝나는 것이 아니라, "온전히 공부에만 전심하라"라는 말씀입니다.

한국 대기업 모 사장님 이야기입니다. 이분은 타고난 능력과 근면으로 대기업 사장이 되었고, 모처럼 휴가를 내어서 미국에서 공부하고 있는 딸과 함께 시간을 보냈습니다. 오랜만에 딸과 여행을 하며 이런저런 이야기를 나눠었는데, 지금 데이트 상대가 있는지, 언제 결혼 계획이 있는지 등을 물어보았습니다. 의외로 딸은 결혼할 생각이 없다고 말했습니다. 요즘은 혼자 살겠다는 여성이 많지만 1980년대는 다릅니다. 깜짝 놀라 왜 결혼하지 않으려 하냐고 물어보니, 아버지는 세상에서는 성공하셨지만 하루 종일 밖에서 일만 하니, 집안에서 잔일하면서 외롭게 사는 어머니를 보면 결혼할 마음이 나지 않는다는 것이었습니다. 그에게는 이 세상에서 제일 소중한 것이 딸이었는데, 딸에게서 그런 말을 들으니 참으로 큰 충격이었습니다. 그는 자기의 인생이 과연 성공적이었는지 딸과의 대화를 통해 다시 한번 생각하고 본인의 인생길을 점검했다고 합니다.

우리가 인생을 열심히 사는 것도 중요하지만, 방향이 잘못되면 의미가 없습니다.

우리가 법회에 와서 정신 수양을 하고 영적으로 충전을 하는 것도 중요하지만, 진리의 말씀에 비추어 자기 인생을 돌아보고 진리적 가치관에 따라 우리 인생을 끊임없이 재점검, 재조정해야 합니다. 우리가 길을 잘못 들면 내비게이션이 자동으로 목적지로 가는 길을 수정해 주듯, 진리를 깨친 부처님의 말씀, 경전 법문을 통해 언제나 내 인생길이 수정될 수 있어야 합니다.

어떤 사람은 "법회가 중요하고 이익이 많은 것은 알지만 너무 바빠요."라고 말합니다. 그러나 우리는 무엇 때문에, 무엇을 위해 바쁜가를 잘 생각해야 합니다.

한 호스피스 병원에서 죽음을 앞둔 환자들을 대상으로 "당신 인생에서 무엇을 가장 후회하는가?"하는 설문조사를 했습니다. 호스피스에 입원한 환자들의 공통된 후회는 다음과 같습니다.

"나는 평생 일만 했다."

"나는 타인이 원하는 인생을 살았지, 참으로 내가 원하는 인생을 살지 못했다."

"나는 내 인생에서 최선을 다하지 못했다."

"나는 어떤 이익 때문에 소중한 친구를 잃었다."

죽기 전에 후회하는 것이 아니라, 인생을 항상 법에 비추어 점검하고 조정해서 후회 없이 살아야 합니다. 죽음은 금방 우리를 찾아옵니다. 노병사老病死는 우리를 기다려 주지 않습니다.

세상 것을 좇아서 살게 되면 경쟁사회에서 쉴 수 없습니다. 다른 사람들은 다 뛰어가는데 혼자 앉아 있으면 곤란합니다. 인생의 참 휴식과 만족, 기쁨을 위해서는 인생이 진리로 향해야 합니다. 예수님은 "수고하고 짐 진 자들아, 내게로 오라."라고 말씀하셨습니다.

세상의 스트레스와 부담은 자기 스스로가 짊어진 짐이며, 세상의 가치관 속에서 만들어진 짐인지라, 진리를 향해 인생 방향을 바꿀 때 우리는 비로소 세상 짐을 내려놓을 수 있습니다.

필자는 일반 대학에 다닐 때 경제학을 전공했습니다. 머리를 많이 써야 하는 공부라 쉽지 않았습니다. 그래서인지 필자는 마음공부라는 단어에서 '공부'라는 말을 좋아하지 않았습니다. 또 머리를 써야 하느냐는 부담이 있었습니다. 그러나 마음공부, 진리 공부는 이 세상 짐을 다 내려놓는 자유를 얻는 공부라는 것을 알게 되었습니다. 예수님이 "내가 너희를 쉬게 하리라."라고 하신 말씀은 참으로 진리적이고 현실적 말씀입니다.

"그날은 교당에 와서 공부에만 전심하기를 주의할 것이요" 이 대목을 보면 필자는 항상 유대인들의 안식일을 떠 올리게 됩니다.

전 세계에서 유대인의 인구는 0.3% 정도입니다. 그러나 노벨상 수상자 25%, 미국 아이비리그 대학의 25% 학생 혹은 총장이 유대인입니다. 노벨경제학상을 받은 사람 50% 이상이 유대인입니다. 통계에 따르면 그들의 지능이 특별히 높은 것은 아니지만, 자기 분야에 있어서 그들이 성공할 수 있었던 이유를 어떤 학자는 '안식일 준수'라고 말했습니다.

"안식일을 기억하여 거룩히 지키라."는 십계명 중의 하나입니다. 안식일에는 일체의 활동이 금지됩니다. 글을 쓰거나, 나무를 하거나, 빨래하거나, 빵을 굽거나, 먼 길을 가거나, 이발하거나 등 모든 정신적, 육체적 활동이 금지됩니다. 한때 청교도 정신이 강했던 뉴햄프셔 지방에서는 안식일을 어기는 자를 하나님의 언약을 깬 자로 그들 법령에 따라 판결하여 사형을 집행하기도 했습니다.

안식일은 거룩한 날 Holy Day이며, 완전한 휴식의 날 Holiday입니다. 하나님이 6일간 천지를 창조하시고 마지막 7일째 쉬시며 이날을 축복하고 거룩하게 하셨다는 것입니다. 이날은 세상과 구분되는 날입니다. 불교식으로 말하면 우리가 재충전해서 다시 본성 자리로 돌아가는 날입니다.

마음과 육신이 잘 쉬고 재충전해야 큰 지혜와 힘이 생깁니다. 잘 쉬어야 감사 생활도 되고 창의력도 생깁니다. 개구리가 멀리 뛰기 위해 잠시 움츠리는 것과 같습니다.

잘 쉰다는 것이 예회날 단지 먹고 놀고 즐기라는 뜻이 아닙니다. 진리적으로 잘 쉬어야 한다는 말입니다. 경전 공부, 법문 말씀을 통해 인생을 재점검하고, 정신 수양을 통해 우리 영혼을 진리적으로 충전시켜야 합니다. 법회 후 오후에 혼자 산에 가거나 산책하면서 혼자 있는 시간을 가지는 것이 여러모로 유익합니다.

대종사님은 법회 날에 바쁜 상황이 벌어질 수 있으니 "모든 일을 미리 처결하라."라고 말씀하셨습니다. "매 예회例會날에는 모든 일을 미리 처결하여 놓고 그날은 교당에 와서 공부에만 전심하기를 주의할 것이요."

우리가 일주일 일을 하루에 처리할 수는 없지만, 법회 날을 위해 6일 동안 일을 미리 정리할 수는 있습니다. 법회의 의미를 알고 사모하는 마음을 가지고 있으면, 얼마든지 그날을 위한 준비가 가능합니다. 제 크리스천 친구가 수년 전 일본 동경으로 출장을 갔습니다. 기독교 인구가 매우 적은 동경에서, 친구는 일요일 날 길도 모르는 큰 도시에서 교회 찾기가 아주 어려웠다고 합니다. 일본말도 못 하는 그 친구는 묻고 물어서 몇 시간에 걸쳐서 한 교회를 찾아 예배를 보았다고 했습니다. 사모하는 마음이 가장 중요합니다.

> 대종사 선원 대중에게 말씀하시기를 "영광의 교도 한 사람은 품삯 얼마를 벌기 위하여 예회 날 교당 근처에서 일을 하고 있더라 하니 그대들은 그 사람을 어떻게 생각하는가." 한 제자 사뢰기를 "그 사람이 돈만 알고 공부에 등한한 것은 잘못이오나 만일 그날 하루의 먹을 것이 없어서 부모 처자가 주리게 되었다 하오면, 하루의 예회에 빠지고라도 식구들의 기한飢寒을 면

> 하게 하는 것이 옳지 아니하오리까." 대종사 말씀하시기를 "그 대의 말이 그럴듯하나 예회는 날마다 있는 것이 아니니 만일 공부에 참 발심이 있고 법의 가치를 중히 아는 사람이라면 그 동안에 무엇을 하여서라도 예회 날을 당하여 비로소 먹을 것을 찾는 것은 벌써 공부에 등한하고 법에 성의 없는 것이라, 그러므로 '교당 내왕 시 주의 사항'에도 미리 말하여 둔 바가 있는 것이며, 또는 혹 미리 노력을 하였으되 먹을 것이 넉넉지 못하더라도 그 사람의 마음 가운데 일호의 사심이 없이 공부한다면 자연 먹을 것이 생기는 이치도 있나니, 예를 들어 말하자면 어린아이가 그 어머니의 배 밖에만 나오면 안 나던 젖이 나와서 그 천록天祿을 먹고 자라나는 것과 같나니라."(수행품 7장)

귀한 손님이 오면 모든 일정을 재조정해서 맞이할 준비를 하고 손님 오는 날을 기다립니다. 우리의 참 본성, 불성佛性보다 더 귀한 손님은 이 세상에 없습니다. 법회를 통해 우리는 참 나를 만날 수 있습니다. 정진 적공은 따로 있는 것이 아니라 성실히 법회에 잘 참석하는 것입니다.

6-4. 활용의 중요성

> 6. 교당에 다녀갈 때에는 어떠한 감각이 되었는지 어떠한 의심이 밝아졌는지 소득 유무를 반조하여 본 후에 반드시 실생활에 활용하기를 주의할 것이니라.

"귀는 여래요, 몸은 중생이다."라는 말이 있습니다. 학력이 높고 신앙과 수행 생활을 오래 한 사람들은 머리로는 교법을 잘 알지만, 즉 머리가 여래[부처님] 수준이지만, 몸 즉 행동은 여전히 보통 사람, 깨닫지 못한 중생과 같다는 말입니다.

법회에 오래 참석했지만, 생활에 실질적인 변화가 없고 기쁨을 느끼지 못하는 사람들이 있습니다. 때로는 신앙과 수행 생활을 오래 할수록 더 비판적으로 되고 에고ego가 강해지기도 합니다. 그 근본 이유는 머리로만 교법을 알고, 실생활에 활용하지 않기 때문입니다. 즉 귀는 여래가 되었지만, 몸은 중생인 것입니다.

다이어트 책을 아무리 읽고 외워도 실생활에 적용하지 않으면 효과가 없습니다. 대종사님은 '교당 내왕 시 주의 사항' 마지막 조항에서 "교당에 다녀갈 때에는…. 소득 유무를 반조하여 본 후에 반드시 실생활에 활용하기를 주의할 것"이라고 당부하셨습니다. 그냥 당부하신 것이 아니라 '반드시'라고 강조하셨습니다.

법회에서 듣는 설교는 사실 우리가 이미 아는 내용이 많습니다. 수년간 법회에 참석하면 이미 알고 있는 내용을 반복해서 듣게 되는 경우가 태반입니다. 그러나 반드시 알아야 하는 것은, 설교를 듣는 것이 학교에서 학문을 배우는 것과 다르다는 것입니다. 모르는 것을 배우기 위해서가 아니라, 설교를 통해 내 생활과 수행을 '반조'하고 설교로 나의 삶을 변화시키기 위함입니다. 법회뿐 아니라 경전을 읽을 때도 그 법문을 내 마음과 생활에 '대조'하면서 읽어야 그것이 내게 큰 소득이 됩니다.

원불교 창립 초기에는 동선과 하선 훈련을 각각 3개월씩 하였습니다. 대종사님은 선 훈련이 끝나는 시간에 법문을 하셨는데, 주로 과거에 한 이야기를 반복하여 말씀하셨다고 합니다. 학력이 높은 제자들은 '지난번에 하신 이야기를 또 하신다.'라고 생각하며 대종사님 말씀에 집중하지 않았고, 심지어 법회 도중 나가버리는 제자도 있었다고 합니다. 그러나 당시 20대였던 대산 종사님은 대종사님이 매번 같은 말씀을 하셨지만, 들을 때마다 그 말씀이 새로웠다고 합니다. 대산 종사님은 대종사님 말씀을 자신의 수행과 현실 생활에 '대조'하면서 '실생활에 활용'할 마음을 가지고 법문을 들은 것입니다.

> 대종사 예회에서 대중에게 말씀하시기를 "그대들이 법설이나 강연을 들을 때에는 반드시 큰 보화나 얻을 듯이 정신을 고누고 들어야 할 것이니, 법사나 강사가 아무리 유익한 말을 한다고 하더라도 듣는 사람이 요령을 잡지 못하고 범연히 듣는다면 그 말이 다 실지 효과를 얻지 못하나니라. 그러므로, 무슨 말을 듣든지 내 공부와 내 경계에 대조하여 온전한 정신으로 마음에 새겨듣는다면 그 얻음이 많아지는 동시에 실지 행사에 자연 반조가 되어 예회 공덕이 더욱 드러나게 되리라."(수행품 25장)

우리는 법문을 들을 때 설교자가 말씀을 잘하는지 못하는지를 판단하기보다 내가 이 법문을 실생활에 어떻게 '활용'할 것인가라는 마음으로 들어야 합니다. 그래야 법회의 공덕이 드러납니다.

제가 원달마센터 일요일 법회에서 설교를 하면 법회가 끝나고 종종 미국인 교도들이 와서 "유 교무님, 오늘 설교 참 좋았습니다![Rev. Yoo, your talk was great today!]"라고 말하곤 합니다. 물론 형식적인 인사일 수도 있지만, 중요한 것은 설교자의 법문이 오늘 좋았는지 안 좋았는지가 아니라, 내가 오늘 들은 설교를 나의 생활과 잘 대조하며 어떻게 이를 활용할 것인지 각성했는가 안 했는가가 중요합니다.

다시 한번 이 법문을 묵상해 봅시다.

> "교당에 다녀갈 때에는 어떠한 감각이 되었는지 어떠한 의심

이 밝아졌는지 소득 유무를 반조하여 본 후에 반드시 실생활에 활용하기를 주의할 것이니라."

대산 종사님은 고전古典을 읽으실 때 실생활에서 써먹을 수 있는 것을 대중잡아서 읽으시고, 읽은 후에는 몇 구절을 뽑아서 잘 활용하셨다고 합니다. 예를 들어, 중국의 고전古典『소서素書』를 읽으신 후 "소공불상小功不償이면 대공불립大功不立이라. 작은 일에 공을 세운 사람들에게 상을 주지 않으면 큰 공을 세우는 것을 보기가 어렵다."라는 구절을 원불교에서 상벌을 집행하는 감찰원 원장님에게 주셨다고 합니다.

더운 어느 여름날, 소태산 대종사님은 부채를 들어 보이시며 대중에게 말씀하셨습니다.

"사람이 도를 알고자 하는 것은 용처用處에 당하여 쓰고자 함이니, 만일 용처에 당하여 쓰지 못한다면 도리어 알지 못함과 같을지라 무슨 이익이 있으리요. 이 부채를 가졌으나 더위를 당하여 쓸 줄을 모른다면 부채 있는 효력이 무엇이리오."(수행품 52장)

우리는 나의 부채, 즉 내가 배우고 들은 법문과 경전 구절을 실제로 어떻게 활용하는지 잘 반조해 보아야겠습니다.

소크라테스는 "반조, 반성하지 않은 인생은 살 가치가 없다."

라고 말했습니다. 자기를 돌아볼 때 발전이 있고, 인생의 가치가 빛난다는 뜻입니다. 만약 우리가 자기 생활을 돌아보지 않으면 습관과 관성대로 살아가게 됩니다.

그렇다면 법회나 경전에서 배운 것을 잘 활용하기 위한 묘방은 무엇일까요?

대종사님은 "소득 유무를 잘 반조해 보라."라고 말씀하십니다. 학교에서 공부할 때 수업이 끝난 후, 잠깐이지만 배운 내용을 복습하면 그 내용이 상기되어 학습 효과가 높아집니다. 경전을 보거나 법문을 들을 때도 후에 그 내용을 잘 묵상하고 반조하면 자기 것이 되어 생활을 변화시킬 수 있는 귀한 자료가 됩니다.

법회 후 친구 혹은 가족과 어울리는 것도 좋지만, 혼자 차를 마시거나 산책하는 등 여러 방면으로 조용히 묵상하는 시간을 가지면서 들은 법문을 반조하면, 그 법문이 비록 평범하였다 하더라도 큰 각성과 소득으로 다가올 수 있습니다.

저는 경전을 읽을 때 한 시간 이상 읽지 않고, 감동된 구절이 나오면 "어떠한 감각이 되었는지, 어떠한 의심이 밝아졌는지…." 묵상의 시간을 가집니다. 제 방을 나와 원달마센터 정문까지 걸어갔다가 오는데 약 40분 정도 소요되는데, 이때 읽은 것을 묵상합니다. 이 과정에서 읽은 법문이 살이 되고 피가 되는 경험을 많이 했습니다. 음식도 소화 과정이 필요하듯이 법문도 묵상과 반조를 통해 소화해야 합니다.

다음은 법회 시간에 들은 법문을 반조하고 실생활에 활용함으로써 목숨을 구하게 된 한 교도님의 이야기입니다.

한국전쟁이 발발하기 전, 익산에 살고 계셨던 그 교도님은 부유한 지주였습니다. 어느 날 법회에서 '용서와 관용'에 관한 법문을 들은 그는, 앞으로 자기 밭을 소작하고 있는 소작인들을 더 관대하게 대해야겠다는 마음을 품게 되었습니다. 즉 "어떠한 감각이 되었는지 어떠한 의심이 밝아졌는지 소득 유무를 반조하여…"에 관한 각성이 생긴 것입니다.

어느 밤, 광에서 소리가 나서 그 교도님은 잠에서 깼습니다. 광에 가보니 어떤 젊은 청년이 어두운 곳에서 쌀을 훔치기 위해, 쌀가마니를 지게에 힘들게 올리는 중이었습니다. 교도님은 조용히 청년 뒤로 다가가 쌀가마니를 청년 등에 있는 지게에 살짝 올려주었습니다. 그 청년이 너무 당황해서 어쩔 줄 몰라 하고 있을 때, 교도님은 "아마 힘들어서 쌀을 가지고 가려고 하는 것 같은데, 돌아보지 말고 그냥 가거라. 네가 돌아서 나를 보면 나중에 혹시 길에서 마주쳤을 때 얼마나 미안할 것이냐. 이 쌀을 가지고 가서 가족들과 잘 나누어 먹어라."라고 말했습니다. 당황한 청년은 황급히 쌀을 지고 광을 나갔습니다.

몇 년 뒤, 한국전쟁이 발발하고 공산군 치하에 놓이게 되었을 때 지주였던 그 교도님은 '인민의 적'으로 간주되어 인민재판을 받았습니다. 그 교도님이 재판을 한참 받고 있을 때 "저분은 우리를 착취한 분이 아니다. 아주 좋은 분이다."라고 한 공산당원이 자기를 변호해 주었습니다. 그는 바로 과거에 그 교도님 집에서 쌀을 가지고 간 청년이었습니다. 교도님은 그 청년의 변호로 목숨을 구했다고 합니다.

내가 법회 때 배운 것을 잘 반조해서 활용活用하면, 즉 살려서 [活: 살 활] 이용[用: 쓸 용]하면, 인생이 변하고 목숨을 구하기도 합니다. 내 운명이 바뀝니다.

탁월한 명의한테 약을 처방받았어도 그 약을 먹지 않으면 소용없습니다. 다시 한번 '활용'의 대중을 염두에 두고 이 구절을 묵상해 보겠습니다.

> "교당에 다녀갈 때는…. 소득 유무를 반조하여 본 후에 반드시 실생활에 활용하기를 주의할 것이오."

대산 종사님 당시 많은 제자가 종사님의 가르침과 조언을 듣기 위해 찾아왔습니다. 대산 종사님은 형식을 갖추고 심각하게 조언해 주시기보다 "야! 산책하러 가자."라고 하시며 산책 도중에 한마디 휙 던지는 경우가 많았습니다. 그런데 휙 던진 그 말씀 속에 답이 있고 해결책이 있었습니다. 그래서 산책 도중에 대산 종사님이 하시는 말씀을 놓치지 않기 위해 제자들은 귀를 쫑긋이 하고 경청했습니다.

상시훈련법에서 대종사님이 '주의하라'라고 하신 말씀은 결코 건성으로 던진 말씀이 아닙니다. 이는 강조하고 또 강조한 당부입니다. 성인이 무심으로 던지는 말도 우리가 주의하거늘, 하물며 '주의하라'라고 누누이 강조하신 대종사님의 말씀은 우리가 더욱 마음속 깊이 명심해야 할 것입니다.

다시 한번 '교당 내왕 시 주의 사항'을 묵상해 보겠습니다.

1. 상시 응용 주의 사항으로 공부하는 중 어느 때든지 교당에 오고 보면 그 지낸 일을 일일이 문답하는 데 주의할 것이요,
2. 어떠한 사항에 감각된 일이 있고 보면 그 감각된 바를 보고 하여 지도인의 감정 얻기를 주의할 것이요,
3. 어떠한 사항에 특별히 의심나는 일이 있고 보면 그 의심된 바를 제출하여 지도인에게 해오解悟 얻기를 주의할 것이요,
4. 매년 선기禪期에는 선비禪費를 미리 준비하여서 선원에 입선하여 전문 공부하기를 주의할 것이요,
5. 매 예회 날에는 모든 일을 미리 처결하여 놓고 그날은 교당에 와서 공부에만 전심하기를 주의할 것이요,
6. 교당에 다녀갈 때는 어떠한 감각이 되었는지 어떠한 의심이 밝아졌는지 소득 유무를 반조하여 본 후에 반드시 실생활에 활용하기를 주의할 것이니라.

학교에 다니지 않고 혼자 공부하여 좋은 대학에 들어가는 학생들이 있습니다. 그러나 이는 매우 드뭅니다. 아무리 좋은 참고서와 온라인강의가 있어도, 선생님에게 직접 배우고 급우들과 경쟁하며 의견을 나누는 과정에서 얻는 배움이 훨씬 큽니다.

수행도 이와 다르지 않습니다. 교당에 다니지 않거나 수행 공동체에 속하지 않은 채 홀로 닦아가는 수행인도 있지만, 좋은 스승을 만나고 뜻을 함께하는 도반과 더불어 공부할 때 같은 노

력으로도 훨씬 큰 결실을 맺을 수 있습니다. 교당에 꾸준히 다니다 보면 교무님과의 관계가 깊어지고, 마음을 터놓고 의지할 도반을 만나 함께 잘 북돋우며 성장할 수 있습니다. 특별한 근기가 아니더라도 "타력"의 힘을 입어 크게 진급할 수 있습니다.

교당에서 배우는 가르침은 세상에서 배우기 힘든 것입니다. 교당에서는 대각하지 않고는 알 수 없는 진리를 배우며, 특정 분야의 지식을 익히는 것이 아니라 삶을 어떻게 행복하고 자유롭게 이끌 것인가 하는 근원적인 진리와 방법을 배웁니다.

"상시 응용 주의"가 "혼자" 하는 공부라면, "교당 내왕 시 주의"는 "함께'하는 공부입니다. 상시 응용 주의 사항은 스스로 공부하는 힘을 길러 내 안에 성불의 씨앗을 심는 것입니다. 그러나 아무리 좋은 씨앗이라도 윤택한 토양을 만나지 못하면 열매를 맺기 어렵습니다. 교당이라는 좋은 토양에 그 씨앗을 심으면 머지않아 큰 결실을 거둘 수 있습니다. 특히 대종사님이 말씀하신 여섯 가지 교당 내왕 시 주의 사항을 잘 실천하면 교당에 다니는 효과가 배가 됩니다.

개인의 노력과 공동체의 힘이 서로 어우러질 때 우리의 수행은 더욱 활짝 피고, 이 세상 또한 한 걸음 더 낙원에 가까워집니다.

불지佛地, 즉 마음의 본고향으로 가는 여행은
더 많은 준비와 시간이 필요합니다.

예화로 풀이하는 원불교 정전正典 활용법

일상을 수행으로 바꾸는 연습

초판 1쇄 인쇄 2025년 12월 8일
초판 1쇄 발행 2025년 12월 15일

지은이 유도성
펴낸이 주영삼(성균)
펴낸곳 원불교출판사
교정·교열 천지은·탁대환
표지디자인 Kathy Abeyatunage·김지혜

출판등록 1980년 4월 25일(제1980-000001호)
주소 54536 전북특별자치도 익산시 익산대로 501
전화번호 063-854-0784
팩스번호 063-852-0784
홈페이지 www.wonbook.co.kr
인쇄 효일인쇄

ISBN 978-89-8076-444-0(03200)
값 18,000원